JN069966

大工技術を学ぶ I（第五版）

道具・規矩術・工作法

松留愼一郎 編著

前川秀幸・塚崎英世 著

市ケ谷出版社

「大工技術を学ぶⅠ（第五版）」発行にあたって

　これから大工技術を学びたい人のための教材や手引き書として「大工技術を学ぶ－道具・規矩術・工作法－」（2006年10月発行）が生まれました。この本は，大工技術の基本である「道具」・「規矩術」・「工作法」を１冊にまとめたものです。

　その後，建築大工職種の１級技能検定の実技検定課題の改訂等に合わせて，内容を見直し，改訂版を発行しました。

　また，「第１章　大工技術の概要」として大工の仕事・役割や大工技術の重要性をカラーで挿入し，２級技能検定の課題に対応して四方転びの内容を追加し，建築大工職種の技能検定実技試験問題を追加するなどして，第三版を発行しました。

　第四版は，建築大工職種の３級技能検定の実技検定課題の改訂等に合わせて内容を見直しました。

　今回の第五版は，建築大工職種の１級と２級技能検定の実技検定課題の改訂等に合わせて内容を見直し，これからのデジタル時代を見据えた新しい手法も試みました。

　具体的には，以下の内容を見直しています。

① 令和４年度（2022年度）からの１級および２級技能検定課題に対応した内容について，第３章に，3・4・7曲無し屋根筋かい，3・4・8ひよどり栓を追加しています。

② 振れ隅木，四方転び，曲無し屋根筋かい，ひよどり栓は，QRコードにて３次元CAD情報を提供しています。理解の手助けとなるようにしてください。

③ 建築大工職種の実技検定課題に関しては，１級，２級，３級ともに，別刷として添付します。

　「大工技術を学ぶⅡ－構法・施工・模擬家屋－」（2010年10月発行）と合わせて，基本的な知識から高度な技能まで学べるテキストとして，実技訓練の現場における教材として，また，日曜大工等の趣味から本格的な大工仕事までの技術上の手引き書として最適であると思われます。

　大工の技術について学ぼうとするものにとって，両書が役に立つことを期待します。

　2023年10月

松留愼一郎

執筆にあたって（初版発行時）

　伝統的には，大工は働きながら棟梁からその技術を学んでおり，それは徒弟制度と呼ばれていた。現在では，職業能力開発施設に加え大工養成のための専門学校も多くなり，大工技術は学校で学ぶものとなってきている。

　大工の技術を学びたいと思うものにとっては，道具，規矩術，工作法は，それぞれ必要不可欠な基本情報であり，技術・技能である。しかし，それぞれの内容についての教材や専門書はあるものの，一冊に網羅的にテキスト（教科書）としてまとめられたものは見あたらない。また，実技訓練の現場では，必要な教材は，その都度，指導者が作成しているのが現状である。質が高く，解りやすく，基本的内容が一冊に盛り込まれた大工技術書を作成し，これから大工技術を学びたい人のための教材や手引き書として使っていただきたいと思い，このテキストを作成した。

　作成にあたっては，道具・規矩術・工作法を網羅的にコンパクトに凝縮しつつ大工技術書としての質を保つこと，また，いかに解りやすくテキストにするかに腐心した。**執筆には，職業訓練施設にて指導をしている第一線の研究者・指導員があたっており，実技訓練の現場おける最新の情報や内容をもとに作成されている。**図は執筆者が新たに書き起こし，写真撮影も行った。**図解・写真を中心とした解りやすい構成で，**極力理解しやすい平易な表現としている。

　具体的には，「第1章　道具の使い方と手入れ」では，現在の職業訓練施設における実技訓練の現場にて必要で基本的な道具に限定して，基本的な内容を解りやすく解説している。「第2章　規矩術」においては，規矩に関する墨付け等の手順等に加えて，その手順の意味や理由について図解等をもちいた解説を行い，従来の体で覚える方式に加えてその内容を理解しながら興味を持って規矩術を使いこなせるようになるように工夫している。また，建築大工職種の**1級，2級，3級の技能検定に対応できるような内容も掲載した。**「第3章　工作法」では，初心者でも解りやすいように，墨付け・加工の手順が順を追って図解してある。「第4章　簡単な木造軸組モデル」では，**実技訓練の現場ですぐに簡便に使用できる効果的なモデルが掲載されている。**

　本テキストは，**初心者でも順を追って基本的な知識から高度な技能まで学ぶことができる**内容となっており，図解等を多用した解りやすい表現と相まって，実技訓練の現場における教材としてだけでなく，日曜大工等の趣味から本格的な大工仕事までの技術上の手引き書としても，また技能検定の教材としても最適である。大工の技術について学ぼうとするものにとって，役に立てば幸いである。

2006年10月

松留　愼一郎

目次

第3章　規矩術

第4章　工作法

別刷　技能検定

本書の使用にあたって

　本書は，基本的な知識から高度な技能まで学べるように，実践的な教材として作成している。内容は，職業訓練の施設にて実施されている情報や内容をもとに作成されており，図解と写真を中心とした構成で，文章もできるだけ理解しやすい平易な表現としている。

　本の具体的な内容は，大工技術の概要（大工を取り巻く状況，大工技術の内容）から始まり，道具の使い方と手入れ（手工具，電動工具・エア工具，木工機械，動作解析），規矩術（規矩術について，勾配について，小屋材の墨付け，展開図について），工作法（仕口・継手の概要，仕口，継手，強度特性）と，教える手順にしたがって体系的な構成となっている。

　技能のレベルとしては，１級（上級）から２級（中級），３級（初級）と，それぞれの技能に対応できるような内容となっている。また，別刷として，建築大工職の１級，２級，３級の技能検定実技試験問題を添付しているので，参照して欲しい。

　指導するにあたっては，順番にしたがって指導するのが本来ではあるが，適宜選択したり順番を変えても習得できるような構成になっている。また，忘れてはならない大切なことが，適切な礼儀作法と作業態度，服装，整理整頓，掃除である。まず，これらに関しての指導を徹底したい。そのことが，技能の習熟，作業の効率化，事故の減少につながるのである。

3D CAD データの活用方法

　はじめに「大工技術 3D CAD データの操作アプリ」の入手法を下のQRコードから読み取ってください。

　その説明に従い，３次元アプリ「Sketch Up Viewer」をダウンロードすることにより，本文中のQRコードで「３次元データ」が活用できます。

第1章　大工技術の概要

1・1　大工を取り巻く状況

1・1・1　大工の仕事

　大工の仕事は，実にクリエイティブである。実際に自分の力で，ものを造り上げていく。何もないところから，自分で様々なことを決めて造っていく。どこにどの木材をどのように使用するのか，それらをどのように組み合わせていくのか，考えて決めていく。自分の力で造りあげていくのは，実に爽快である。

　大工の仕事は，木材を相手にする。木材は自然素材であり，生き物である。肌触りも香りも人に心地よい。しかし，木材は多種多様である。材種だけでも，スギやヒノキ等の針葉樹からケヤキ等の広葉樹など，幅広い。同じ材種であっても，硬さが違う，色つやが違う。変形もする，割れもおこる。生きているから，その取り扱いは難しい。だからこそ，面白いのである。クセを読み取り，どこにどのように使い込んでいくか考える，それが大工の醍醐味でもある。

　大工の仕事は，自然環境の中で行われる。大工の働く場所は，快適なオフィスではない。現場は，基本的に屋外であり，冷房も効かず，太陽が照りつけ，風雨にさらされる厳しい環境である。加工を行う下小屋も，半戸外が多く，快適な環境でないことも多い。大工の仕事場は，厳しくもある。

　大工の仕事が生み出す日本建築は，木の香にあふれ，環境に溶け込んでおり，日本文化を形づくる重要な要素である。

図1・1　青森ヒバ

図1・2　桂離宮

図1・3　三井寺　光浄院客殿

1・1・2　大工の役割

　大工技術を担う大工職は，木工事を担当している職種という意味合いもあるが，経験を積んで熟練大工となり，さらに工事全体を統括するように成長すると棟梁と呼ばれるようになる。

　棟梁は，住宅普請全体を統括する責任者である。伝統的には，計画や設計から始まり，材料調達，職種全体を統括する工程管理，修理や増築を行う維持管理など，あらゆる業務を行っている。

　そこでは，施主，設計者，各工事を担当する各専門職，設備，木材，建材等に関わる様々なものをコーディネートすることになる。歴史をさかのぼると，社寺や城郭を普請する統括者を大棟梁と呼んでいた。分業化の進んできた現代においても，棟梁の果たす役割は重要である。

　棟梁となり，自分で工務店を経営するようになるものも少なくない。それらの大工工務店は地域に密着しており，住宅の新築やリフォームだけでなく，お祭りなどの地域活動でも重要な役割を果たしている。それらの大工工務店は，地域社会のまとめ役やコーディネーターとなって，地域社会に大いに貢献しているといえる。

　また，大工技術だけでなく，設計も手がけて工務店を経営するようになった大工職もみられる。これらの大工職は，伝統的な大工技術に加えて現代的な設計技術も身につけた，新しい現代版棟梁といってもよいであろう。現代版棟梁は，地域における総合的なコーディネーターであり，地域住宅の専門医・ドクターであり，地産地消の中心的な存在でもある。

　これらの基本となるのは大工技術であり，それらを習得して大工になることは，その後の様々な可能性につながっており，実に素晴らしい。

図1・4　建て方　上棟式

図1・5　砺波　あずま建ち

図1・6　亀山市　関宿

1・1・3 大工技術の重要性

木造住宅を造るにあたっては，様々な技術者が関わっていることはいうまでもない。その中でも，大工技術は，最も重要で中心的な技術である。

大工技術の基本となっているのは，道具・規矩術・工作法である。大工道具は，時代とともに変化してきており，歴史的にはその時代に使える道具がその時代の加工内容や使用材の形状等を決めてきている。それは，大工の手を使って加工する手工具の歴史でもあった。しかし，最近では，電気を動力源とするものが多く使われるようになってきた。現場では，手工具だけでなく，電動工具が使われている。

さらに，下小屋に設置されていた加工機械を，ライン化して工場加工とするものがあらわれた。そこでは，ライン化された加工機械により軸組材が素早く加工されている。加工のための情報はCAD入力され，その情報で自動的に加工されており，プレカット工場と呼ばれている。

最近では，木造住宅の新築に関しては，9割以上のものが，工場で機械加工された軸組材により建てられている。しかし，それぞれの工場においても，建て方の現場においても，大工技能を身につけた熟練大工が必要であることを強調しておきたい。

道具を使い，規矩術を駆使し，工作を行う基本的な大工技術は重要であることを改めて指摘したい。機械加工を行う工場におけるノウハウも，もともとは大工技術を基本としてつくられている。そこでの継手仕口の形状や軸組材の配置等を行う伏図を作成する方法等はもともと大工技術であり，それらを指導し統括しているのも熟練大工などである。

大工技術をもっている熟練大工が必要とされ

図1・7　板図

図1・8　墨付け

図1・9　手加工

てきたし，これからの技術革新にも大工技術が
その基本となり必要とされる。

　また，これから新築住宅数は減少していくの
に対して，増改築等の需要は益々増えていく。
増加していくこれからの増改築工事は，工業化
できない合理化できない現場作業の連続であり，
基本的な木工事に関わる技術を習得した大工職
でないと施工はできない。

　建物は，時間がたつにつれて劣化するし，建
物を構成する部材の変形さらに建物そのものの
変形も進んでいく。したがって，既存住宅に対
する工事は，現場合わせが必要な手作業の連続
であり，大工技術を習得した熟練大工でないと
対応できない。増改築における軸組材の加工も，
大工技術を習得した熟練大工が墨付け加工等を
行うことになる。

　増改築部分の軸組加工は，プレカット工場で
は対応できない。既存建物の軸組材が変形して
おり垂直水平等が揃っていないために，全て現
場あわせで対応しながらでないと施工できない
のである。大工技能を習得した熟練大工でなけ
れば，これから増加するこれらの工事には対応
できないのである。

　大工技術の向上や継承を意識して，普段の新
築は工場における機械加工であっても，時には
手加工にて対応するという工務店も存在する。

　また，極端に合理化された現場を持つある大
手住宅メーカーであっても，運営する訓練校で
は基本的な大工技術を教えている。それほど，
基本的な大工技術は重要であり必要なのである。
公共職業能力開発校だけでなく認定訓練校にお
いても，基本的な大工技術を教えることは重要
であると強調したい。

図1・10　小屋梁　渡りあご

図1・11　大黒柱上の小屋梁　建て方

1・2　大工技術の内容

1・2・1　大工の基本技術

　大工の基本技術は，規矩術を理解して，道具を使いこなしながら，工作を行うことである。その対象は木材であり，木材の性質を知ることも重要となる。

　規矩術とは，木材の接合部などの形状を，規および矩を用いて，加工に必要な墨や寸法として正確に作り出す手法のことである。規とは，円でコンパス，矩は直角でさしがねを意味する。その手法としては，直角三角形を基本とした勾殳玄法（こうこげんほう），用器画により寸法や勾配をもとめる図解法，使用する材の幅を用いて墨をする木の身返し法，計算法等がある。

　加工の前段階として，この規矩術を使って部材に墨付けを行っていく。複雑に組み合わされる継手仕口をさしがねで墨付けしていく技術は高度で洗練されたものであり，その習得には経験が必要となる。一方で，その手法には理論的な裏付けがあり，その理論を理解していくと習得がより容易となる。

　道具は，大きく，手工具，電動工具，木工機械の3つに分けられ，それらのうち，手工具が最初に取り扱う道具となる。手工具を使いこなす，手工具の手入れをする，という作業が最初に習得すべき大切な大工技術であるといえる。手工具のうちでは，のこぎり，のみ，かんなの3種類が，最も基本的な道具である。

　のこぎりは，木材を繊維方向に切断するための縦びきのこぎりと，木材を繊維方向と直角に切断する横びきのこぎりとに分類される。その両方の機能を併せ持つ両刃のこぎり，精度が高く切断できる胴付きのこぎりなど，用途に合わせて様々なのこぎりが存在する。のこぎりの歯をあさり，このあさりを研いで手入れすることを目立てという。しかし，現在では，目立てを

図1・12　土場での玉切り

図1・13　製材所での木取り

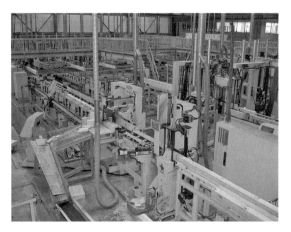

図1・14　プレカット工場

行うことは少なく，既存の刃を差し替える替刃
式のこぎりを使用することが多くなった。

　のみは，げんのうや金槌でたたいたり，直接
手でついたりして使う。穴を掘る，溝をさらう，
狭い部分を削る，形を整えるなど，様々な用途
に使用する道具である。大きくは，叩いて使う
たたみのみと，手でついて使う突きのみに分け
られる。用途によりその種類や大きさには多種
多様なものがある。のみの手入れは，使う人そ
れぞれが自分で行う。のみのかつら下げや束の
仕込みに加え，のみ刃の研ぎが最も重要な手入
れである。のみの研ぎ方にはそれなりの技術が
必要で，繰り返し研いで修得していく。また，
研ぎに使う砥石も，用途に応じて多くの種類が
ある。

　かんなは，木材の表面を薄く削り取り，平滑
な面に仕上げる道具である。台直しかんな，面
取りかんななど，用途によって様々な種類があ
る。かんなの手入れは，使用前に台直しとかん
な刃の研ぎを行う。使用時には，刃の出や裏座
の引き込みなどの刃口の調整を行う。

　実際のかんな削りは，かんなの十分な手入れ
を行ったうえで，削る対象部材の性質を見極め
ながら削っていく熟練を要する大工作業である。
熟練大工が削ってかんな屑が幅広く薄く長く舞
う様子は，実に見事である。

　これら手工具や砥石等に関しては，用途に合
ったものを探し求めて収集していく大工職も少
なくなく，奥の深い世界を形成している。

　また，電動工具や木工機械も，実際の大工作
業には必要なものである。これらは便利で作業
も早いが，危険度が高く一瞬にして重大事故に
至る危険性があるので，十分に注意して使用し
なければならない。これらの道具は，構造，使
い方，手入れ等についての基礎知識を学ぶこと

により，効果的に使いこなすことができるし，
けがや事故が少なくなる。労働安全衛生規則に
則った運用は当然のこと，整理整頓や正しい服
装や姿勢が重要となる。

図1・15　軸組模型製作

図1・16　部材加工

図1・17　のこびき

1・2・2　大工職種に関する技能検定・競技大会

(1)　技能検定

　技能検定とは，働くうえで身につけるまたは必要とされる技能の程度を評価する国家検定制度である。技能検定に合格すると，技能士と称することができる。

　建築大工技能士では，1級（上級技能者レベル），2級（中級技能者レベル），3級（初級技能者レベル）の等級区分があり，大工技能を習得しようとするものは，これらの技能検定で客観的技能評価を受けることを勧めたい。

(2)　建築大工の競技大会

　建築大工に関する競技大会には，若年者ものづくり競技大会，技能五輪全国大会，技能グランプリがある。それぞれ，技能レベルや参加資格が異なる。技能レベルは，順に高くなっており，大工技能を習得しようとしている初学者は，まず，若年者ものづくり競技大会を目指して研鑽を積み，技能レベルに応じて，技能五輪全国大会，技能グランプリと挑戦をして欲しい。

　若年者ものづくり競技大会は，若年者に，技能習得の目標を与え，技能を向上させ視野の拡大をはかり一人前の技能者に育成することを目的に，毎年，職業能力開発施設や工業高等学校等に在籍している20歳以下の若年者を対象に開催されている。技能検定おける3級や2級の技能検定レベルが要求される。

図1・18　ほぞ穴掘り

図1・19　模擬課題

図1・20　実習風景

　技能五輪全国大会は，青年に対して技能者としての努力目標を与え，技能の重要性や必要性をアピールして技能尊重の機運を醸成することを目的に，毎年開催されている。原則23歳以下で，各都道府県能力開発協会等を通じて選抜された者が参加でき，県ごとに選抜試験がある。また，隔年で開催される国際技能競技大会が開催される前年の大会は，国際大会への派遣選手選考会をかねている。

図1・21　技能五輪全国大会

　技能グランプリは，熟練技能者が技能の日本一を競い合う競技大会で，年齢に関係なく熟練技能を競う全国規模の技能競技大会である。出場する選手は，1級技能検定に合格した技能士，あるいは，それ以上の熟練技能者である。

表1・1　技能競技大会一覧表

	目的	参加資格	技能レベル	開催頻度
若年者ものづくり競技大会	若年者の技能向上	施設等で技能を習得中の20歳以下	3級技能検定程度，一部2級	毎年開催
技能五輪全国大会	青年の技能者育成	原則23歳以下	2級技能検定程度，一部1級	毎年開催
技能グランプリ	技能日本一を競う	年齢制限無し，1級技能士以上	1級技能検定以上	隔年開催

第2章 道具の使い方と手入れ

木工事（大工仕事）に使用する道具は，大きく，手工具・電動工具・木工機械の3つに分類される。これらの道具の構造・使い方・手入れ等についての基礎知識を学ぶことにより，効果的に使いこなすことができ，けがや事故が少なくなる。特に，電動工具や木工機械では，一瞬にして重大事故が発生する危険性が常に存在しており，労働安全衛生規則に則った運用は当然のこと，整理・整頓や正しい服装や作業姿勢が重要となる。

指導するにあたっては，まず，服装や挨拶，作業態度，整理・整頓や掃除等についての指導を徹底したい。そのことが，技能の習熟，作業の効率化，事故の減少につながる。

2・1 手工具

手工具は，その種類が多く，また，手工具ごとに，用途に応じて極めて多くのものが存在する。

手工具は，伝統的に継承して使用され発展しており，習熟するには道具の手入れから使用方法まで，長年にわたり経験をつむ必要があり，使い方や手入れにはコツや要領がある。

以下に，主要な手工具の構造，使い方，手入れの方法について，その概要を解説する。

2・1・1 規矩用の手工具

(1) さしがね

さしがねは，主としてステンレス鋼製で，幅15mm（5分）の細長いさお部分が直角になっている。さおの長いほうを長手（1尺5寸＋余長），短いほうを妻手（7寸＋余長）と呼び，表面と裏面に目盛りが刻まれている。mm単位で刻まれたものがメートル目盛りのさしがねで（図2・1），長手と妻手の表面外側にmm単位で刻まれた目盛りを表目と呼ぶ。裏面には，妻手の外側に表目が，長手の外側に$\sqrt{2}$（1.414）倍した裏目（角目）が，長手の内側にπ（3.14）で除した丸目が，それぞれ刻まれている（図2・2，3，4）。また，尺寸分の単位で刻まれた，尺目盛りのさしがねもある。

さしがねは基本的には左手で持ち，下記のように様々な使用方法がある（図2・5）。

① 墨線等を引く。
② 寸法を測る。
③ 直角を出す。
④ 勾配を作図する。b/aは，山状にさしが

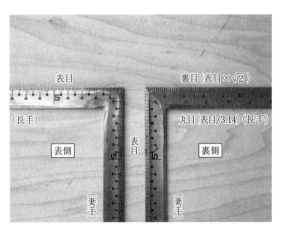

図2・1 さしがねの目盛り（メートル）

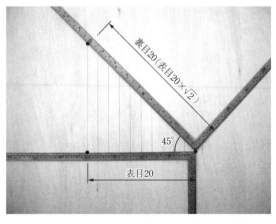

図2・2 表目と裏目1（矩勾配と棒隅での寸法）

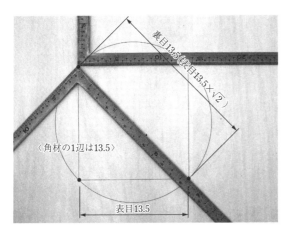

図2・3 表目と裏目2（円の直径と内接正方形の一辺）

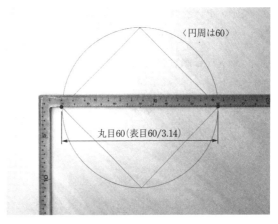

図2・4 表目と丸目（円の直径と円周）

① 墨線を引く

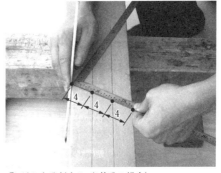

⑤ 長さを分割する（3等分の場合）

③ 直角を出す

⑧-1 ねじれをしらべる（その1）

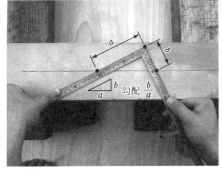

④ 勾配を作図する

⑧-2 ねじれをしらべる（その2）

図2・5 さしがねの使い方の例

ねを使いa（長手）の部分で引く。

⑤　長さを分割する。分割したい数の整数倍にさしがねを適切に（斜めでも可）あて，その数だけマークし，平行にずらした2セットのマークを結ぶ。

⑥　さおの幅（15mm）を使い平行線を引く。

⑦　平滑面をチェックする。さしがねを面にあて，隙間の有無で判断する。

⑧　2本のさしがねで材のねじれを調べる。材の心墨に対応した2か所の木口心墨に，それぞれさしがねを立て，2本のさしがねを見通してチェックする。

⑨　丸材の直径から円周や角材の1辺を出す。

(2)　墨つぼと墨さし

墨つぼは，**つぼ糸**を用いて材面に長い直線を引く（墨を打つ）道具である。墨を打つ場合には，まず，墨つぼを左手に，墨さしを右手に持ちながら，材面に**かるこ**を確実にさす。墨さしでつぼ綿を軽く押さえ，親指で糸巻車を，人差し指でつぼ糸を加減しながら，かること反対側の位置につぼ糸を合わせる。つぼ糸を強めに張り，左手の人差し指でつぼ糸を押さえる。材面に対して直角に（真上に），右手の指でつぼ糸をつまみ上げてから離す。**つぼ綿**には，あらかじめ墨汁（削り墨）を適度にしみ込ませておく（図2・6）。

墨さしは，主として肉厚の竹材でできており，材面に線を引いたり，文字等を記入するための道具である。代わりに，鉛筆や筆を使用することもある。うすい割り込みのある平部分は線引き等に使用し，反対側の丸部分は文字や記号等を書くのに使用する（図2・7）。

(3)　直角定規（スコヤ）・斜角定規

直角定規は，材にあたる面が広く，正確な直角がだせる道具である。造作加工などの精度を

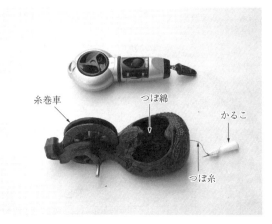

図2・6　墨つぼ

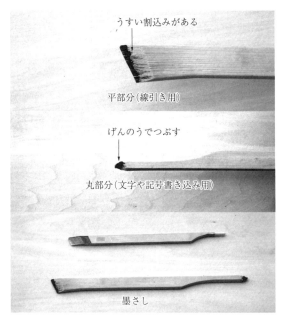

図2・7　墨さし

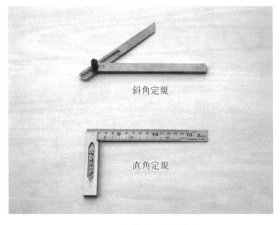

図2・8　直角定規と斜角定規

要求されるときに使用する。直角定規は直角に固定されているが，斜角定規（自在定規）は角度を自由に調整し，角度を写すことができる（図2・8）。

(4) けびき

けびきには，材面に材辺と平行な筋を入れることのできる筋けびき（図2・9）と，ほぞ穴の内側をけがく鎌けびき，薄板等のひき割りに使用する割りけびき等がある。

2・1・2 のこぎり

(1) のこぎりの種類

のこぎりは，木材を繊維方向と平行にひく縦びきのこぎりと，繊維方向と直角にひく横びきのこぎりに大別される。また，用途により様々なのこぎりが存在する（図2・10）。

(a) 両刃のこぎり

縦びき用と横びき用の両方の歯が付いており，幅が広いのこぎりで，使用頻度は最も高い。

(b) 胴付きのこぎり

歯が細かく，ひきはだが綺麗で精度の高い切断に使用される。薄身で背に補強用背金が付いている。横びきと同じ形状の歯で，さらに細かい。

(c) 替刃式のこぎり

摩耗した歯に目立てをせず，取り替え用の歯と交換して使用する。補強用背金の付いた横びき用と，両刃用とがある。

(d) その他

他に，溝びきに使用する両刃のあぜひきのこぎり，曲線を引くのに使用する細身の回し引きのこぎり，弓のこぎり等がある。

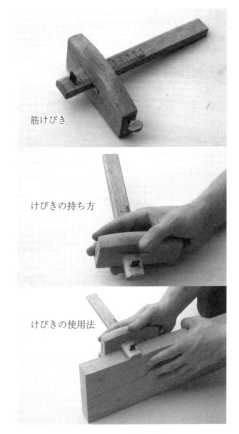

図2・9　筋けびき

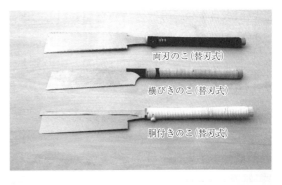

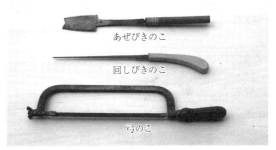

図2・10　のこぎりの種類

(2)　のこぎりの構造（図2・11）

(a)　のこぎりの身

のこぎりは，薄い鋼板の側部に歯を造り出し，焼き入れをしたもので，適度に硬くて粘りがあり，すきむらが無く，腰の強いものがよい。

構造材の切断には刃渡り27〜36cm，造作材の切断には刃渡り21〜27cm程度ののこぎりが適切である。

(b)　のこぎりの歯（図2・12）

縦びきの歯は，三角形で溝かんなと同じ働きをし，末歯のほうになるにしたがい大きくなっている。

横びきの歯は，それぞれが小刀のような形状で末歯から元歯まで同じ大きさである。木材の繊維を直角に切断していく。

(c)　あさり（図2・13）

のこぎりの歯は，1枚ごとに左右に交互に少し曲げてあり，これを**あさり**という。このあさりによって，のこ身の厚さよりも幅の広い引き目をつくり，のこ身と切り口との摩擦抵抗を少なくしている。

あさりの左右への振りは均等，歯の長さは一定である必要があり，そうでないとひき目が曲がってしまう。

左右への開きや高さの調整，摩耗した歯の研磨等の手入れを**目立て**というが，現在は，目立てを行わず替刃式のこぎりでのこ身を取り替えるケースが多い。

(3)　のこぎりの使い方

(a)　材の固定

のこぎりが床に触れないように，枕木や工作台等を用いて，材を水平に据える。

(b)　のこびきの姿勢（図2・14）

左足は前に置きながら，材の上に乗せて材

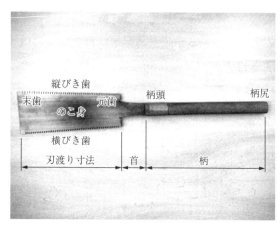

図2・11　のこぎりの構造

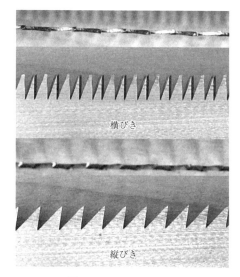

図2・12　のこぎりの歯

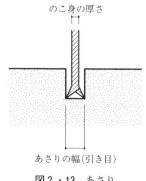

図2・13　あさり

図2・14　のこびきの基本姿勢

を押さえ, 右足は後ろに置き, 左足と直線上の位置にする。左手でのこぎりの柄の前方を, 右手で柄の元を持ち, のこ身を常に材に対して垂直の90°に保つ。顔の鼻がのこぎりの真上にあるようにして, 両目でのこぎりの両側を均等に見る。

(c)　ひき始め（図2・15）

　左手親指の第1関節にのこ身をあて, のこぎりの刃先を切墨に合わせて垂直に立てる。のこぎりを切墨にしたがい直線に静かに動かして, ひき目をつくる。のこぎりと材との角度は, 約30°が一般的であるが, ひき始めは, 薄い板材では小さな角度に, 厚い材では大きな角度にする。

(d)　ひき方（図2・16, 17, 18）

　のこぎりは, 常に垂直に保ち, 大きく前後に動かし, 刃渡りいっぱいに動かす。板材では一定の角度にてひくことが多いが, 角材を横びきして切断する時などには, のこぎりの角度をわずかに変えながらひき込む。曲がりぐせが出た時には, 柄の握りをわずかにねじるようにして調整する。ひき終わりは, 次第に力を抜いてのこぎりを静かに動かし, ひき落ちる材の自重で材が痛まないように注意する。

図2・15　ひき始め

引き角を変える

図2・16　角材のひき方

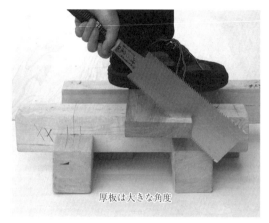

厚板は大きな角度　　　　　薄板は小さな角度

図2・17　板材のひき方

斜めに引く　　　　　反対側から斜めに引く

最後に垂直に引く

図2・18　ほぞのひき方

2・1・3 槌　　類

　槌類は，**げんのう**と**金槌**とに大きく分けられ，ほかに，かんな刃の調整に使用する**木槌**，構造材の組み立てに使用する**かけや**がある。

⑴　げんのう（図2・19）

　げんのうには，重さ・大きさや形により様々なものがある。重さでは，1000グラム程度の特大げんのうから，700ᵍ程度の**大げんのう**，500ᵍ程度の**中げんのう**，300ᵍ程度の**小げんのう**に分けられる。小口の形には，一文字・八角形・丸形・長円形・かたくち等がある。

　げんのうの頭小口は，一方が平面で，他方が球面となっている。平面のほうで釘を打ち，球面のほうで最後のひと打ちや木殺しを行う。

⑵　金　槌（図2・20）

　金槌の小口は，一方が角・丸・刃形などの形をしており，他方はとがっているものや釘抜きのついているものがあり，主に，釘打ちに使用する。また，とがった小口は釘道をつくるのに，小形の**四分一金槌**は天井板等の釘打ちに使用する。

　図2・21は，木槌とかけやの例である。

2・1・4 砥　　石

⑴　砥石の種類

　砥石は，砥粒が天然か人造かで，天然砥石と人造砥石に大きく分けられる。天然砥石には産地により様々なものが存在し，人造砥石の代表的なものとしてはダイヤモンド砥石やセラミック砥石等が挙げられる。また，その粗さにより，**荒砥・中砥・仕上げ砥**（合わせ砥）に分類される。また，特殊な砥石として，金剛砥石や金盤（金砥）がある。

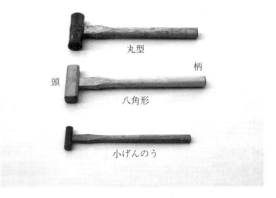

図2・19　げんのう

図2・20　金槌

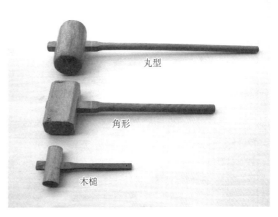

図2・21　木槌とかけや

⑵ 荒 砥

天然石を用いることは少なく，ほとんど金剛砥石が使用される。欠けた刃や摩耗した刃の刃先を整えるための荒研ぎに用いる。

⑶ 中 砥

荒研ぎが済んだものや，刃先の切れ味が悪くなったものを研ぐ砥石で，産地により青砥・沼田・天草等がある。人造砥では，#800〜1000が多く使用される。

⑷ 仕上げ砥

最後の仕上げに用いる砥石で，合わせ砥とも呼ばれる。京都の梅ヶ畑地区の産出品が最高とされる。人造砥では，#6000〜10000の超微粒子が用いられる。

⑸ 砥石の手入れ

砥石の表面は，常に平滑な水平面を保つよう

にする。砥石同士の凹面と凹面，凸面と凸面を向き合わせて水を使ってすり合わせ，水平になったらすぐにやめる。目詰まりには，**名倉砥**などで目立てを行い，新しい砥面を引き出す。

2・1・5 の み

のみは，継手仕口の加工をはじめ，穴を掘る，溝をさらう，狭いところを削ったり仕上げたりするなど，加工したり仕上げたりするのに，必ず必要となる基本的な道具である。

⑴ のみの種類

のみは，げんのうで叩いて使う「たたきのみ」と，手でついて使用する「突きのみ」とに大きく分けられる。また，用途によりさらに細かく分類され，その種類は多い（表2・1）。

表2・1 のみの種類

種 類		用 途	形
たたきのみ	大入れのみ	造作材の加工	
	厚のみ	構造材の加工	
	向こう待ちのみ	細くて深いほぞ穴掘り	
突きのみ	薄のみ	加工の仕上げ	
	しのぎのみ	あり溝や地すき	
その他	こてのみ	溝底の仕上げ	
	打ち抜きのみ	ほぞ穴や貫穴の貫通	
	かき出しのみ	削りくずのかき出し	

(a)　たたきのみ

　「たたきのみ」は，「**かつら（鉄製の輪）**」をはめ込んだ「**つか（え）頭**」部分を叩いて穴を掘ったりする。主に造作材の加工に用いる一般的なものを「大入れのみ」といい，のみというと「大入れのみ」を指すことが多い。「大入れのみ」を例として，図2・22にその構造と名称を示す。また，構造材の加工に用いられるものを「厚のみ」といい，頑丈につくられている。「厚のみ」のうち，穂幅が比較的狭いものをたたきのみ，広いものを広のみとして区別する場合もある。さらに，建具等の細くて深いほぞ穴等を掘るのに使用する「向こう待ちのみ」があり，こじって使用することも可能である。よく使用するのみとしては，大入れのみで穂幅寸法1分・2分・5分・8分，厚のみで5分・6分・8分，向こう待ちのみで3分が，その例としてあげられる。

(b)　突きのみ

　「薄のみ」は，穂が長いのに対して穂厚がきわめて薄く切れ味がよい。加工の仕上げや道具づくりでの削り，あるいは，建具等の工作に使用する。「しのぎのみ」は，断面が三角形（鎬形）で，あり溝の地すきやほぞ穴等の仕上げに使用される。

(c)　その他ののみ

　その他ののみとして，家具や建具で使用される「こてのみ」「打ち抜きのみ」「かき出しのみ」等がある。

(2)　**ほぞ穴堀り**

(a)　準備・姿勢

　材料や穴の大きさにより，のみの種類や大きさ（穂幅）を選ぶ。一般的には，造作材では大入れのみ，構造材では厚のみを使用す

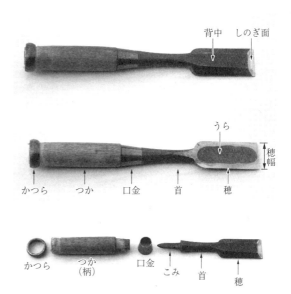

図2・22　のみの構造

側面より

正面より

図2・23　ほぞ穴掘りの姿勢

る。両端に飼われたまくら台等の上に材料を水平に置き，その材料の上に，図2・23のように，穴墨の手前の位置に腰掛ける。材料をまたいでは腰掛けない。左手でつかを右手でげんのうを持ち，つか頭の真上を平らに打つ（図2・24）。のみの刃先を注視しながら，かつらの直下を持ち，右肘をあげて叩くのがこつである。

(b) ほぞ穴掘り

　ドリルで下穴を開けておくと，加工が楽になる。まず，穴の周囲の墨に対して刃裏を穴の外側に向けてあて，軽く叩きながら切り込み，**口切り**を入れておく。

　さらに，口切りの3mm程度内側に切り込みを入れながら，木材の繊維方向には割れやすいので1打，横方向には2打程度の打ち込みで掘り進む。刃裏を手前側に向けて，手前は垂直に切り込むのに対して，向こう側は手前方向に斜めに切り込みながらのみをこじり，こっぱを起こしていく。通し穴の場合には，材料を裏返して上記の動作を繰り返し，口切りよりやや小さな穴を貫通させる。小根ほぞのように，大小の穴が組み合わされている時には，小さな穴から先に掘り，次に大きな穴を掘って仕上げる（図2・25）。

(c) 仕上げ

　最後に，口切り位置まで正確に掘り進んで仕上げる。仕上げに突きのみを使用すると，さらに丁寧な仕事となる。墨穴の四隅は，特に正確に仕上げる。墨を半分残すなどの方針は，最初から決めておく必要があり，墨線のうち長辺方向は墨を残さず，短辺方向は墨を半分残し，堅さを調整するのが一般的である。なお，穴の短辺部分の中心部を，図2・26のように，鼓形にややふくらまして仕上げる。

① かつらの1cm程度下をもつ

② げんのうを垂直に当てる

図2・24　たたみのみの使い方

① 口切りを入れる

④ 向こう側を切り込む

② 側面を切り込む

⑤ のみをこじる

③ 手前を切り込む

⑥ 手前を切り込む，(2)～(6)を繰り返して掘り進む

図2・25 ほぞ穴堀りの手順

ほぞ穴長手方向

0.2mm　　0.2mm

図2・26　鼓形に掘る

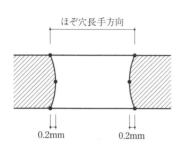

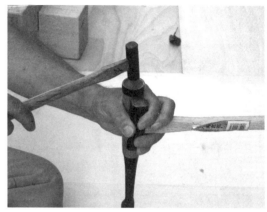

① かつらをかなづちで支え，え頭をたたきかつらをゆるめる

(3)　のみの手入れ方法

（a）　かつら下げとつかの仕込み

　たたきのみのつか頭には，たたき割れを防ぐためにかつらがはめてあり，つか頭がかつらより少し飛び出ている。使用しているうちにつか頭がつぶれてきたら，かつら部分の補修を行う。補修は，まず，木槌やげんのうでかつらや口金をはずすことから始める。かつらの内側は，やすりで丸めてなめらかな曲面になるようにし，バリ等は削りとる。つか頭部分も，かつらが適切に堅く入るように削るなどして調整する。つか頭を回しながらげんのうなどで叩いて十分に木殺しを行い，一時的に小断面にして入れやすくする。直後に，つか頭が2〜3mm程度出るように，かつらを堅くはめ込む（図2・27，28）。

　また，つかの仕込みは，穂のこみ先がつかにすきまなくぴったりと入るように，適切に調整を行う。

（b）　のみの研ぎ方

　のみが切れるためには，研ぎによる手入れが欠かせない。刃先の欠けや刃こぼれ，特に，幅いっぱいに使用するので，刃角の欠けは厳禁である。刃先は，刃先の研ぎ角度25〜30°

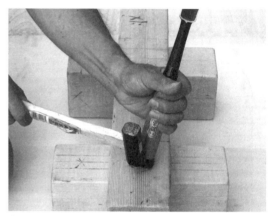

② かつらを叩いてはずす

③ かつらの内側をやすりでなめらかにする

④ え頭を削る

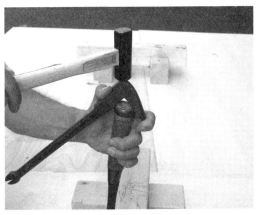

⑦ かつらに当てたくぎぬきを叩いて，入れる

⑤ え頭の木殺しをする

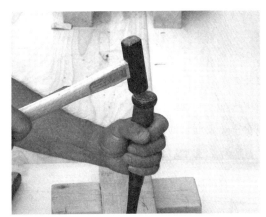

⑧ え頭を叩いてならす

⑥ かつらを叩いて入れる

図 2・27　かつら下げの手順

① かつらを入れた状態

② え頭を叩いてならし，使用可能な状態

図2・28　え頭部分とかつら

に先端まで鋭利に研ぎ上げ，両角は正確に直角（耳がたつ），両端に対して中央部分が内側にくぼむように仕上げる。刃裏は，真ん中部分のくぼみは残し，裏面全体の周辺部分を鏡面のように水平に仕上げる。このとき，先端中央部分で刃先から数mm幅程度の綺麗な曲線を描くように研ぎ上げる（図2・29）。

(c)　のみを仕上げる

中砥石に水を注ぎ，**しのぎ面**を研ぐ。姿勢は，図2・30のように，左足を前にして砥石の正面に立ち，右手で柄を握り，左手の中指と人差し指で刃を押さえながら，砥石にやや斜めに研ぐ。刃先角を正確に保つようにのみ刃を水平に前後させ，押す時に力を入れる。のみ幅の約3倍から砥石の半分程度の長さを，砥石の向こう半分を使いながら研ぐ（図2・31）。刃先全体の均等な**刃返り**を確認したら（図2・32），仕上げ研ぎを行う。仕上げ砥石に水を注ぎ，研ぎ汁をためながらしのぎ面から研ぐ。次に，刃裏を砥石面に平行で平らに付け，2〜3回研いで刃返りを取る。しのぎ面の7に対して刃裏を3の割合で，鏡面のように仕上がるまで研ぎ上げる（図2・33，34）。

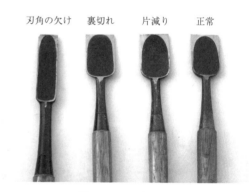

刃角の欠け　裏切れ　片減り　正常

図2・29　刃裏の例

図2・30　のみ研ぎの姿勢

図2・31 中砥石にてしのぎ面を研ぐ

砥石に対してやや斜めに
砥石の向こう半分を使う

図2・32 刃返りを確認する

図2・33 しのぎ面を仕上げる

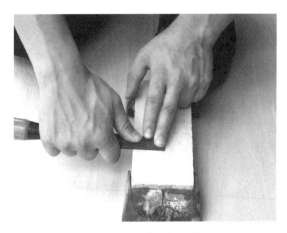

図2・34 刃裏を仕上げる

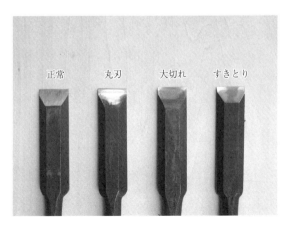

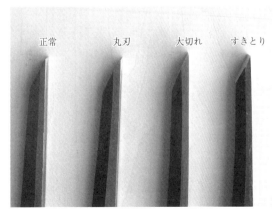

図2・35 しのぎ面の状態

仕上げたら布で拭き取り，保存する場合は，油を軽くのばし布で巻くなどして，刃あたりを防ぐ。砥石はすり合わせ等を行い，常に表面を水平な平滑面に保つ。

(d)　しのぎ面の修正方法

丸刃（まるっぱ）・小切れ・大切れ等は，刃先の研ぎ角度が正確に25〜30°になるように，荒砥石で根気よく研ぐ（図2・35）。あるいは，グラインダーを使用してすきとりなどを行い（図2・36），正しい角度に修正しておく。その後に，(c)の要領で仕上げる。なお，グラインダーは，常に刃を水で冷やしながら使用する。

図2・36　グラインダーで，しのぎ面をすきとる

(e)　刃先の欠けの補修

刃先が欠けている場合には，金剛砥を使用して刃こぼれがなくなるまで根気よく研ぎおろす。あるいは，グラインダーを使用して荒研ぎをしておおむね直しておく（図2・37）。

(f)　裏押しによる裏切れ等の補修

裏切れや片減りなどの刃は，裏おしを行い補修する。金盤の上に金剛砂をまき，水を2〜3滴垂らして刃裏を研ぐ（図2・38）。幅の広いのみは，あて木を添えて両手で研ぐ（図2・39）。狭いのみは右手で柄を握り，左

図2・37　グラインダーで，刃先を研ぎおろす

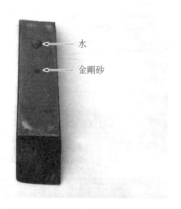

水

金剛砂

図2・38　金剛砂と水を置いた金盤

図2・39　幅の広いのみの裏押し

図2・40　幅の狭いのみの裏押し

手の中指と人差し指で刃を押さえながら，斜めにして研ぐ（図2・40）。最初は金剛砂を押し込むように力を入れて研ぎ，盤面の湿り気がなくなり刃裏が鏡面のようになるまで休まず一気に押し切る。

2・1・6　か　ん　な

かんなは，木材の表面を薄く削り取り，平滑な面に仕上げる道具である。

(1)　かんなの種類

かんなには，図2・41のように，多くの種類がある。普通は，かんなというと「**平かんな**」

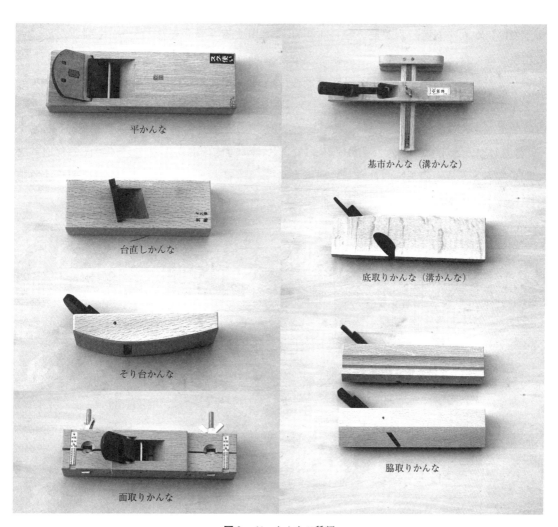

平かんな

基市かんな（溝かんな）

台直しかんな

底取りかんな（溝かんな）

そり台かんな

脇取りかんな

面取りかんな

図2・41　かんなの種類

のことをいう。

(a)　平かんな

「平かんな」には，かんな刃が1枚のものと2枚のものがある。かんな刃が2枚のものは「合わせかんな」とも呼ばれ，裏座の働きで**逆目**が立ちにくく，削りやすいためによく使用される。仕上げの程度により，大きく削り取る「**荒仕工（あらしこ）かんな**」，平滑にする「**中仕工（なかしこ）かんな**」，光沢を出す「**上仕工（じょうしこ）かんな〈仕上げかんな〉**」があるが，荒仕上げや中仕上げには，電動かんなを使うことが多くなった。また，「平かんな」の1種である「**長台（ちょうだい）かんな**」は，台が長い分，削り面の精度が高くなる。図2・42に，2枚かんな刃の「平かんな」を例として，その構造と名称を示す。

(b)　台直しかんな

「**台直しかんな**」は，かんな刃が垂直に立っていて，かんな台の下端の台直しに使用す

る。堅木を削る時にも用いられ，直角かんなや立刃かんなとも呼ばれる。

(c)　面取りかんな

部材かどの各種面を出すためのかんなを，「**面取りかんな**」という。面には，柱に45°に付ける角面（かくめん）をはじめ，丸面・ぎんなん面・きちょう面など様々な形のものがある。それぞれに対応した面取りかんなを使用して，面を取る。

(d)　その他のかんな

その他のかんなとして，しゃくりやほぞのきわを削るなど，直角の入隅を削る時に使用する「**きわかんな**」，敷居溝等を削るのに使用する「**溝かんな**」，曲面を削るために台が曲面になっている「**そり台かんな**」，ある形を削るために台の底面がその形になっている「**丸かんな**」等がある。「きわかんな」と「脇取りかんな」には，右勝手と左勝手とがある。

また，「溝かんな」には，溝の荒取りを行う「**しゃくりかんな**」，両脇を削る「**脇取り**

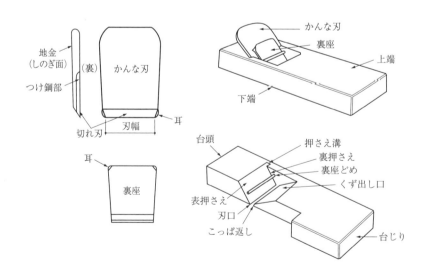

図2・42　平かんなの構造

かんな」，溝底の仕上げを行う「底取りかんな」がある。「しゃくりかんな」は荒突きかんなともいい，より精密な工作用に**基市**（もといち）**かんな**と呼ばれるものもある。最近では，電動工具である「溝切」を使用することが多い。

(2) かんな削り

(a) かんな刃と裏座の調整

かんな刃を出す場合には，図2・43のように，台頭を右に向けて左手でかんなを持ち，かんな刀の頭の中心や**裏座**の頭を小げんのうで軽く叩く。かんな刃を抜いていく（引っ込める）時には，図2・44のように，台頭の両端を交互にかんな刀と平行に小げんのうで軽く叩く。微調整は，台を返して台尻より水平に見通しながら，左右均等になるように軽く叩く。かんな刃を完全に抜く時は，台頭の両端を交互にかんな刃と平行に小げんのうで音が変わるまで叩く。

かんな刃はかんな台より0.03〜0.12mm程度平行に出し，裏座はかんな刃よりも0.25〜0.5mm程度引き込める。平かんなの種類により，図2・45に示した刃口周辺を，表2・2のようになるように調整する。

図2・43 かんな刃の出し方

図2・44 かんな刃の抜き方

表2・2 刃口の調整

種　別	裏座の引き込み	刃口の広さ	刃の出
荒しこかんな	0.5 mm	2 mm	0.12 mm
中しこかんな	0.35 mm	0.5 mm	0.06 mm
上しこかんな	0.25 mm	0.2 mm	0.03 mm

(b) かんな削り作業

削り台は，平らで幅の広い厚い材を，腰より約20cm低い位置で前を高くして，しっかりと据え付ける。台尻に，すべり止めを取り付

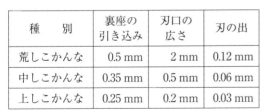

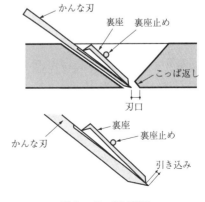

図2・45 刃口周辺

ける（図2・46）。削る方向は，逆目になら
ないように，木表では末から，木裏では元か
ら削る。生節のある場合には，逆に木表では
元から，木裏では末から削る。ねじれやそり
など凹凸のある材では，むくりやねじれの高
い面から順に，荒削り（むら削り）を行う。

　かんな削りの姿勢は，図2・47のように左
足を前に，右足を半歩程度後ろに引き，図
2・48のように，左手でかんな刃の頭と台頭
を丸く包み込むように軽く持ち，右手でかん
な台下側の上端をしっかりと握り，上体をや
や前傾させる。左足に重心をかけ前傾姿勢の
ままで，かんなを後方に引くと同時に，右足
に重心を移しながら，右手でかんなを材の表
面に押し付けながら，左手でかんなを手前に
引っ張る。かんなは，腕の力だけでなく，全
身を働かせて腰で調子を取るようにし，削り
始めから削り終わりまで，一定の調子でまっ
すぐに引いて削る。荒削りでは一歩ずつ削る
が，中しこや仕上げ削りでは後ろ向きに歩き
ながら，一気に引き通すように削る。

(3) かんなの手入れ方法

(a) かんな刃の裏出しと裏押し

　刃先がすり切れて刃裏のくぼんだ部分まで
達した時（裏切れ）は，裏出し（裏打ち）を
行ってから，裏押しで刃裏を出す。図2・49
のように，金床に刃裏をあて，しのぎ面の
2/3ぐらいのところをげんのうで叩く。裏切
れ部分を中心に，利き手にげんのうを持ち，
肘は脇に付け，かんな刃が金床から離れない
ように，音を確かめながら小さく軽く叩き，
刃裏を中高になるようにする（図2・50）。

　金砥に金剛砂をひとつまみと数滴の水をの
せ，押し棒を刃表の中央にあて，右手で押し
棒と刃先部分を，左手で押し棒の他端を握り，

図2・46　削り台の止め板

図2・47　かんな削り作業の姿勢

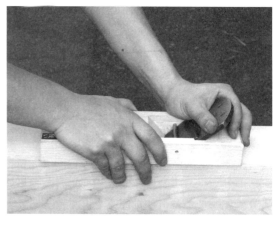

図2・48　かんなの持ち方

刃裏で金剛砂を磨りつぶす。押す時に力を入れ，金剛砂の粒子がまったくなくなり，かんなの刃裏が鏡面のようになるまで押し切る（図2・51）。

(b) かんな刃を研ぐ

刃こぼれなどがあり，大きく研ぐ必要がある時には，荒研ぎを行う。一般的には，中研ぎから始める。中研ぎは，図2・52のように，かんな刃をしっかり握り，切れ刃のしのぎ面が常に砥石に密着するようにして，しのぎ面の2/3のところをしっかり押す。かんな刃の研ぎ角は25〜30°に，裏金の切れ刃の研ぎ角度は20°前後に研ぎ上げる（図2・53）。研ぎ動作を小刻みに行うことにより角度を一定にし，指先にあまり力を入れないで，前へ押す時に研ぐようにするとうまく研げる。切れ刃を中砥石で研ぎ，指で刃返りを確認したら，仕上げ砥石で研ぐ。仕上げ研ぎは，刃表8回に対し刃裏2〜3回の割合で研ぎ，刃裏研ぎは刃返りを取る程度に軽く行い，しのぎ面が均一に鏡面のようになるまで研ぐ。研ぎ方の詳細は，のみの研ぎ方を参照のこと。

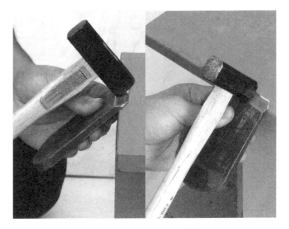

図2・49 かんな刃の裏出し

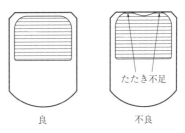

図2・50 裏出しの調整

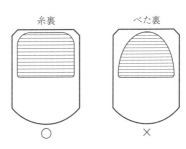

図2・51 刃裏の状態

斜め前方より

正面より

図2・52 かんな刃の研ぎ方

図2・53　切れ刃のしのぎ面を砥石面に押しつけて研ぐ

（c）　かんな台の手入れ（台直し）

　かんな刃と裏座を台下端より引っ込めて，台直しかんなの刃先に触れないようにする。図2・54のように，台下端に下端定規をあてて，台下端の狂いを調べる。修正する部分が

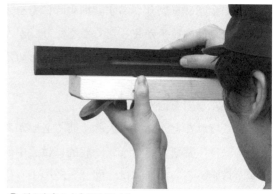

① 長さ方向のすき間を調べる

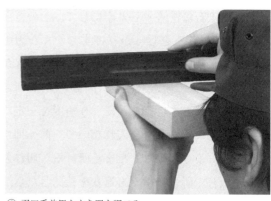

② 刃口手前側をすき間を調べる

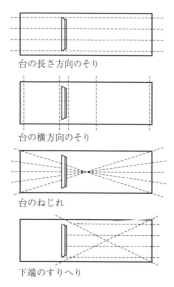

台の長さ方向のそり

台の横方向のそり

台のねじれ

下端のすりへり

図2・54　台下端の検査

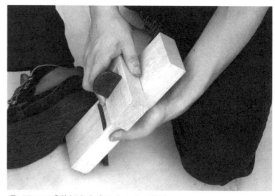

③ 刃口の手前側を台直しかんなで削る

図2・55　かんな台の台直し

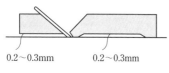

0.2〜0.3mm　　0.2〜0.3mm

（a）荒しこかんな

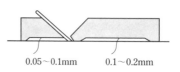

0.05〜0.1mm　　0.1〜0.2mm

（b）中しこかんな

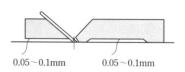

0.05〜0.1mm　　0.05〜0.1mm

（c）仕上げかんな

図2・56　かんな台の調整

あれば，図2・55のように，かんな台下端を
上にして，左手でかんな台を持ち，右手で台
直しかんなを持って横削りし，刃口部分から
順に整えていき，図2・56のように，調整す
る。角面を取って仕上げる。

2・1・7 その他

(1) 下げ振り・水準器（図2・57）

下げ振りは，先端に金属製のおもりがついた
糸を垂らすことにより，柱などの垂直をみる。
また，水準器は水平をはかるための道具である。

(2) かじや（バール）（図2・58）

釘抜きに使用するほか，てことしても用いる。
平かじや・段付かじや・小かじやなどがある。

(3) ちょうな（手斧）（図2・59）

構造材等を荒削りするための伝統的な道具で，
例えば，小屋梁で小屋束のあたる部分を削るの
に使用する。

(4) き り（図2・60）

釘や木ねじなどを打つ時のガイド用小穴をあ
けるのに用いる。四つ目ぎり・三つ目ぎり・つ
ぼぎり・クリックボール・ボルトぎりなどがあ
る。

(5) 釘締め（図2・61）

げんのうなどで叩き，釘の頭を材の表面から
内部に打ち込むのに使用する。

(6) ドライバー（図2・61）

木ねじの締め付けや取り外しに使用する。先
端が＋のものと，－のものがある。

(7) スパナ（図2・62）

ナットやボルトの締め付けや取り外しに使用
する。各種の口幅が1組になっている組スパナ，
口幅を自在に調整できるモンキースパナ，切り
替えで一方向にだけソケット（ねじが入る部
分）が回転するラチェットレンチなどがある。

図2・57 下げ振り

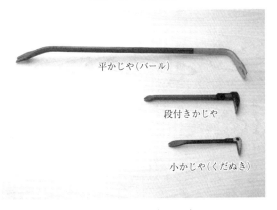

平かじや（バール）

段付きかじや

小かじや（くだぬき）

図2・58 かじや（バール）

図2・59 ちょうな（手斧）

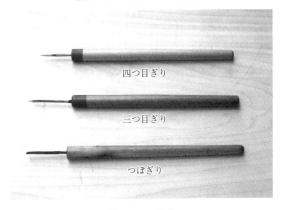

四つ目ぎり

三つ目ぎり

つぼぎり

図2・60 きり

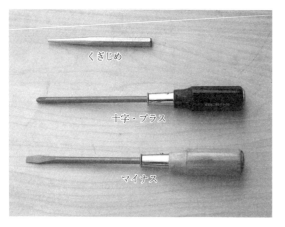

図2・61　釘締めドライバー

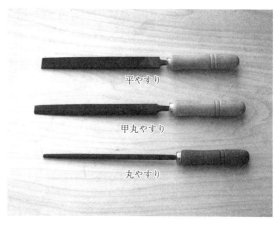

図2・63　やすり

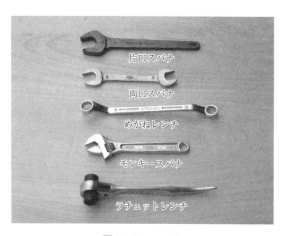

図2・62　スパナ

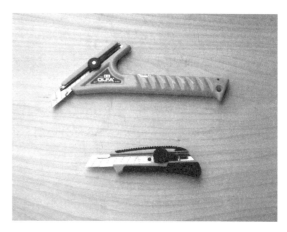

図2・64　カッター

(8)　**やすり**（図2・63）

　金属や木材などの切削や，目立てに使用する。平やすりや丸やすりなど形状が異なるものや，紙ヤスリなど様々なものが存在する。

(9)　**カッター**（図2・64）

　各種材料の切断に使用する。様々な大きさのものがある。

2・2　電動工具・エア工具

　手持ち電動工具は，木材を固定して手で持って切断・加工する機械である。便利で作業も早

図2・65　電動丸のこ

くなるが，手工具に比べて危険度も高くなる。

共通する使用法や注意事項については，2・2・9で解説する。

2・2・1　電動丸のこ

木材および各種ボード類を素早く切断できる。充電式など，様々な種類のものがある（図2・65, 66）。

(1)　丸のこ刃（チップソー）

電動丸のこの刃は，一般的にはチップソーと呼ばれており（図2・67），木材切断を中心に様々な材料を切断できる。一方で，切断する材料や用途により，専用のチップソーを使用する。具体的には，窯業サイディング用チップソー，硬質窯業サイディング用チップソー，金属サイディング用チップソー等に加え，キッチンパネル用，樹脂管用，せっこうボード用などの材料別のチップソーや，釘やステープル等の異物切断を考慮したリフォーム用のチップソーなど，様々なチップソーが存在する。

(2)　のこ刃の取付け，取外し

刃に触れる時には，回転していないことはもちろんのこと，必ず電源コードをはずしてからにする。何かの拍子にスイッチがONになり，刃が回転する危険性を避ける。前方のストッパーを押して回転を止め，ナットやワッシャーをはずしたり締めたりする。

(3)　刃の調整等

切断する深さや材料の厚さにより，定盤を動かして丸のこ刃の出を調整する。安全カバーの動きを確かめる。

(4)　切断の準備

丸のこ刃が床に触れないように，まくら木などをかう。スイッチが切れていることを確認して電源プラグを入れる。コードが作業の支障に

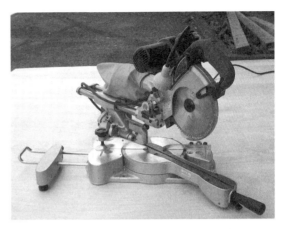

図2・66　卓上スライド式電動丸のこ

縦びき用　　　横びき用

図2・67　丸のこの刃（チップソー）の種類

図2・68　切断の姿勢

○（適切）

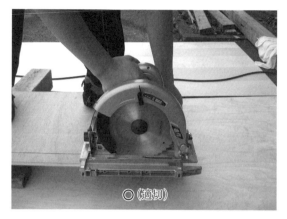

○（適切）

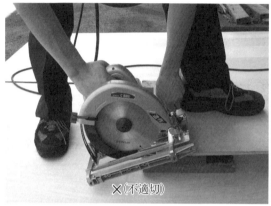

×（不適切）

図2・69　ひき始め

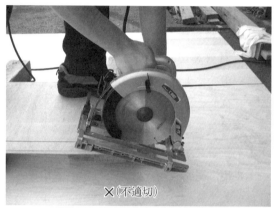

×（不適切）

図2・70　ひき終わり

ならないように，また，丸のこ刃に触れないように，肩にかけるなどの配慮をする。ハンドルを右手で，両手用のものは両手で握る（図2・68）。

(5)　切　断

切断する材料の手前端に定盤の先端を乗せ，密着するように押さえる。この時，刃は材料にあてない。位置を決め，スイッチを入れ，回転が上がって一定になってから，案内定規を軽く当ててゆっくり送る（図2・69）。

音や臭いに注意しながら，無理をしないで一定のスピードで連続して切り進む。まっすぐに切断するためには，ガイドを材料にしっかりと付ける。

ひき終わりも真上で持てるように，体をやや前に持っていく。切り落とし材を支えないなど，切り落とし材に刃が締め付けられないように注意する（図2・70）。

(6)　目立て

切れ味が悪くなったら目立てを行うが，専門の研磨業者に依頼することが多い。

2・2・2　電動かんな

かんな刃を2枚取り付けた円筒を回転させて削り取り，平滑な面に仕上げる（図2・71）。

(1)　かんな刃と調整

電動かんなの削り幅は一定で，かんな刃はかんな胴にボルトで止められる。ボルトでかんな刃をはずしたり取り付けたりする。ボルトで軽く締めた時点で刃高の調整を行う（図2・72）。

図2・71　電動かんな

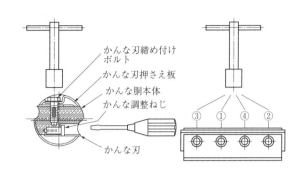

かんな刃締め付け
ボルト
かんな刃押さえ板
かんな胴本体
かんな調整ねじ
かんな刃

図2・72　締め付け手順

○（適切）

○（適切）

×（不適切）

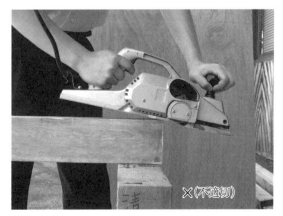

×（不適切）

図2・73　削り始め

図2・74　削り終わり

(2)　削り作業

逆目や節（ふし）の堅い材料を削る時には，1回の削り深さが少なくなるように調整する。削り始めは，電動丸のこと同じように準備を行い，材料の手前端に定盤の先端を乗せ，密着するように押さえる（図2・73）。

削り速度は一定とし，削りくずが綺麗に飛び出すように調整する。削り終わりは，材の削り面と平行にそのまま持っていき，先端面を丸く削らないようにする（図2・74）。

(3)　かんな刃の研ぎ方

2枚を同時に研ぐことが重要であり，そのための専用の保持具（治具）もある。

図2・75　電動溝きり

2・2・3　電動溝きり

電動溝きりは，カッターと呼ばれる刃物を回転させて溝を削るもので，例えば，敷居や鴨居の溝加工に使用される（図2・75）。

(1)　カッターと調整

建具溝等を加工するには21mm幅の縦溝カッター，横溝加工にはけびき付カッターを使用する（図2・76）。

切り込み深さと切り込み位置を調整する。溝幅は，カッターの刃幅で決まる。

(2)　溝切り作業

丸のこと同じように，切断の準備を行い，材料の手前端に定盤の先端を乗せ，密着するように押さえる。削り始めは抵抗が大きいので，先端を下へ押さえるようにし，削り終わりは手元で下へ力を入れる。

(3)　カッターの手入れ

かんな刃と同じように研ぐ。中研ぎには#240～280の油砥石，仕上げには#500～800の油砥石か水砥石を使用する。

けびき付きカッター　　　　縦溝カッター

図2・76　カッター

図2・77　電動角のみ

2・2・4 電動角のみ

ほぞ穴や抜き穴等の角穴を掘る電動工具で，ドリルの回転で丸穴をあけ，ドリルの外周にある角のみで丸穴の周囲を角に整形する（図2・77）。

(1) きりと角のみ

角のみの中にきり身が装着される。きり身の刃の出は，3mm程度とする。角のみの寸法は，30mm，21mm，18mmと様々なものがある。

(2) 穴あけ作業

木材は水平に置き，枕木等をかう。電動角のみを木材の上に馬乗りにのせ，穴位置になるように調整して木材に固定する。

前後左右送りにより，ほぞ穴の墨の一端に角のみを合わせてから穴あけをする。長いほぞ穴等は，先に両端の穴あけを行い，次に内側の穴あけを行う。

2・2・5 電動ほぞ取り

電動ほぞ取りは，2枚の縦のこ刃と2枚の横のこ刃によってほぞを加工する（図2・78）。

(1) 丸のこ刃の調整と準備

ほぞ形状に合わせて，のこ刃の位置を調整する。ほぞ方向を確認して木材を台に乗せ，胴付き墨に合わせて固定し，ほぞ中心線と位置マークを合わせる。

(2) ほぞ取り

電源を入れ回転が上がったら，切り進める。切り落としがのこ刃でとばされないように注意する。

2・2・6 電動ドリル

電動軸の先端あるチャックにドリルを取り付け，ドリルを回転させて材に丸穴をあける。電気ドリルともいう。コードレスの電動ドリルな

図2・78 電動ほぞ取り

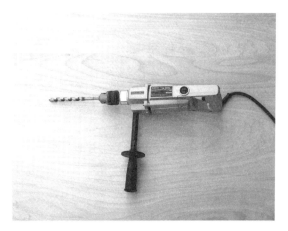

図2・79 電動ドリル

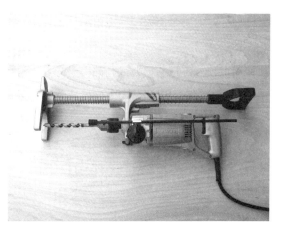

図2・80 ガイド付電動ドリル

ど，様々な種類のものがある（図2・79, 80）。

⑴　準　備

　チャックにドリルをしっかりと固定する。ストッパーボールで穴の深さを設定する。

　材料が回転しないように，しっかりと押さえる。貫通の穴あけは，材料の下にあて木を置く（図2・81）。

⑵　穴あけ

　ドリル刃を下に向けて，安全を確認してからスイッチを入れる。ドリルの振れがないことを確認してから，穴の中心にドリルの中心を合わせる。材に垂直になるように保ち，下方に軽く押していく。木くずが出るのを確かめながら掘り進み，終了したら力を抜いて引き上げる。

図2・81　作業姿勢

2・2・7　釘打ち機

　釘打ち機は，コンプレッサーを使用するエアー釘打ち機が，一般的に使用される（図2・82, 83）。ほかに，電気式の釘打ち機もあり，エアー式より打ち込み力が弱いために使用できる釘の長さが短いが，コンプレッサーを使用しないので手軽である。

⑴　種　類

　釘の種類により，連装丸釘用・U字形釘（タッカ）用・一般ばら釘用などがある。釘の形状には様々なものがあるが，専用の釘を使用する。

⑵　使用法

　使用前に，釘打ち機の可動部に十分な潤滑オイルを補給する。射出口の方向に，常に十分な注意を払う。

　マガジンに釘を装填し，先端の安全装置を押し付けながら，所定の位置に押し付けて引き金を引く。

図2・82　釘打ち機

図2・83　仕上げ釘打ち機

2・2・8　その他の電動工具

(1)　ドライバードリル

コードレスで充電式のドライバードリルは，穴をあけることに加え，ねじの締め付け，取り外しにも使用できる。

(2)　インパクトドライバー（図2・84）

回転と打撃によってねじを締め付ける，充電式の電動工具である。

(3)　インパクトレンチ（図2・85）

スイッチの切り替えで，ナットの締め付けと取り外しができる電動工具である。六角ソケットの取り替えにより，各種ナットに対応できる。

(4)　ディスクグラインダー（図2・86）

携帯用簡易研磨機として使用され，砥石径100mmタイプは，様々な砥石や付属品に対応できる。

(5)　電動チェーンソー（図2・87）

丸太や平角の荒切りに使用される。切断有効長さは，約100mm～500mm程度のものがある。

(6)　電動ジグソー（図2・88）

30mm程度までの厚さの各種材料に対して，切り抜き・曲線切り・直線切りに使用される。

(7)　電動チェーンのみ

構造材に対して，ほぞ穴や貫穴加工，各種欠き込み等を，チェーン刃の回転によって行う。

図2・84　インパクトドライバー

図2・85　インパクトレンチ

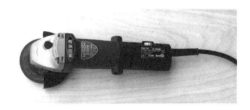

図2・86　ディスクグラインダー

図2・87　電動チェーンソー

図2・88　電動ジグソー

2・2・9　共通する使用法と注意事項

(1)　電　源

　使用工具電圧と電源電圧を確認する。感電防止用漏電遮断装置が設置されている電源を使用するか，あるいは，労働安全衛生規則に則ったアースなどの接地を行う。必ず，電動工具のスイッチを切ってから，電源にプラグを差し込む。コードリール等を使用する時には，電源の種類や消費電力を確認してから使用する。

(2)　作業環境と服装

　150ルックス以上の照度を確保し，作業スペースや周囲の整理整頓を行う。

　作業帽を着用する。作業上着の袖口を締め，裾をズボンの内側にしまう。加工作業では，タオルを首や腰に巻き付けない。また，手袋を使用しない。

(3)　加工作業

　労働安全衛生規則の基準に従い，安全装置が正常に働くか確認し，調整を行う。作業に応じた安全保護具を着用し，正常回転になってから加工作業に移る。回転中に異常音が出たら，すぐにスイッチを切り点検する。

(4)　整備と保管

　使用後は，必ず，プラグを電源から抜いておく。よく掃除して，必要な場所に給油してから乾燥した場所に保管する。取扱説明書は，工具と同じところに保管し，いつでも参照できるようにする。

2・3　木工機械

　木工機械は，同じ仕様の木材を大量に素早く製作するのに適しており，生産能率を高くすることが可能な便利な機械である。木工機械を設置して利用するには，管理責任者を決め，刃物の点検・整備・整理に始まる機械の整備に加え，集塵機の設置や整備，通路の確保などの，機械室全体の管理を行う必要がある。

　一方で，木工機械は，高速回転する刃物を扱うために，重大事故が一瞬で発生する危険性を常に持っている。木工機械を扱うには，整理整頓やきちんとした服の着用から始め，労働安全衛生規則を遵守することはもちろんのこと，機械の性能や特徴を十分に理解し，常に細心の注意を払いながら操作を行うことが必要である。

2・3・1　手押しかんな盤

(1)　用　途

　造作材などを定番と定規盤に手で押し付けながら，その下面を平滑に精度よく削る。また，定規盤を利用して直角を出しながら削る。

(2)　整備と準備

　かんな刃の刃こぼれや切れ味を調べ，必要により研いでおく。かんな刃と胴との取り付けが定盤と平行か，また，締め付けが十分か調整する。

　後部定盤は，かんな刃の出に合わせる。前部定盤は，削りしろだけ刃先より下げる。1回の削りしろは2mm程度とする。

　材の節や逆目，厚さの不均一やねじれ，曲がり等をチェックし，削る方向や順番を決める。

(3)　使用法

　安全カバーを確かめて，電源を入れてからスイッチを入れる。電源を入れる時はスイッチが切れていることを確認する。回転が上がったら，材を全部定盤にぴったりと密着させながら，安全カバーを材で押しのけて静かに材を送る（図2・89）。

　削り音に注意して連続して，前にゆっくりと送る。手は回転している刃口を避ける。短めの

材は，押さえ板を使用する（図2・90）。薄い板はバタツクことがあるので注意して押さえる。長さ450mm以下の短い板は危険なので，手押しかんな盤では削らない。

2・3・2　自動かんな盤

(1) 用　途

ローラにより自動的に材を送り，厚さを均一に削る。上面1面だけでなく，同時に2～4面を削ることのできるものもある。

(2) 整備と準備

かんな刃等の整備や調整に関しては，手押しかんな盤と同じである。

材を送るテーブルローラは，厚板で0.5～1.0mm前後，薄板で0.1mm前後と，テーブルよりもわずかに高くする。テーブルを昇降させて削り代を調整する。

1回の削り代は2mm程度とし，材の長さはテーブルローラの範囲内，最小厚さは3mm程度とする。

材のチェックは，手押しかんな盤と同じである。

(3) 使用法

基本的には手押しかんな盤と同じであるが，削り音に注意しながら連続して材を送る。材を引き取る方法は，無理に引かずに，水平を維持しながら静かに引き出す（図2・91）。材の厚さが不均一であったり，材の送りが停止した時は，削り厚さを小さくするなど再調整を行う。特に，テーブルローラより短い材の削りは，危険なので行わない。

2・3・3　超仕上げかんな盤

(1) 用　途

自動かんな盤で荒削りした材に対して，自動

図2・89　手押しかんな盤の作業姿勢

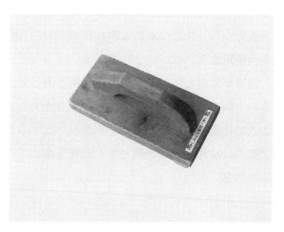

図2・90　押さえ板

図2・91　自動かんな盤の作業姿勢

送りにより仕上げ削りを行う。

かんな刃の回転により削るのではなく，ナイフストックと呼ばれる刃の上を高速で材をすべらせて削る。削る原理は手かんなと同じであるが，簡便に効率よく材の表面を仕上げることができる。

(2) 整備と準備

かんな刃等の整備や調整に関しては，他の木工機械と同じである。

ナイフストックの刃先の出は0.02〜0.05mmに，刃先間げきは0.3〜0.5mmに調整する。

材の削る方向は，無節の面では木表末から，または木裏元からとする。生節のある面では，木表元から，または木裏末からとする。

(3) 使用法

電源等に関しては，他の木工機械と同じである。1回の削り量は，できるだけ少なくする。1人で作業する時は材送りをリターンとするが，2人の時は片送りの連続とすると能率がよくなる（図2・92）。

2・3・4 丸のこ盤

(1) 用 途

丸のこの回転により，角材や板材のひき割りを，縦びきまたは横びきにて効率よく行う。

(2) 分 類

一般的には，全体を広く，**丸のこ盤**という。そのうち，テーブル（定盤）か丸のこ軸が上下するものを**昇降盤**と呼び，そのうちで昇降に加えて傾斜させることができるものを昇降傾斜盤と呼ぶ。テーブルが移動して，長い材を横方向あるいは縦方向に切断するものをテーブル移動丸のこ盤，様々な機能を合わせ持つものを万能丸のこ盤と呼ぶ。

昇降盤では，丸のこ刃の代わりにカッターを取り付けて，溝加工等を行うこともできる。

(3) 整備と準備

かんな刃等の整備や調整に関しては，他の木工機械と同じである。ひき割る材に対応して，必要な丸のこ刃を取り付ける。丸のこ刃をチェックし，必要に応じて調整を行う。定盤は水平に，丸のこ刃は定盤と垂直に取り付ける。

30cm以下の短い材は，丸のこ盤では引かない。また，必ず，押し棒を準備する。

図2・92 超仕上げかんな盤の作業姿勢

図2・93 丸のこ盤の作業姿勢

(4)　使用法

　電源等に関しては，他の木工機械と同じである。危険度の高い木工機械なので，丸のこ近くに手や体を持っていかない，回転方向には立たないなどを徹底する（図2・93）。

　回転数が上がったら振動や回転音に注意し，送り手は丸のこの回転方向である材の後ろに立たない。材を定盤と定規盤にぴったりと付け，手元をやや上げ気味に静かに材を送る。音や臭いに注意して定規盤に密着させて押し，後ろに戻さない。送り手は，材の跳ね返りに注意し，引き終わりでは材から手を離すか押し棒を使用する。

　先取りは，送り手と呼吸を合わせて，割り口をやや開きぎみに，やや上げぎみに，送りと同じ速さで引き出す。丸のこ刃近くに残った残材は，手を持っていかずに棒ではじく。

2・3・5　帯のこ盤
(1)　用　途

　帯状ののこ身を上下にあるのこ輪にかけて回転させ，テーブル上で幅広の材を引く。丸のこ盤に比べて引き減りが1/4から1/3ですみ，動力

も節約できる。

(2)　整備と準備

　のこ身等の整備や調整に関しては，他の木工機械と同じである。のこ身に適度な緊張を与え，のこ身を回して出入りがないように，また，のこ身押さえがのこ身に触れないように調整する。

(3)　使用法

　電源等に関しては，他の木工機械と同じである。切断したのこ身が側方に激しく飛ぶことがあるので，帯のこ盤の側方には絶対に立たない。

　送り手は音や振動に注意して，静かに引き進めていく。先取りは，送り手と呼吸を合わせて自然と材を受け取る。押し棒を使うなどの諸注意は，丸のこ盤と同じである（図2・94）。

2・3・6　その他
(1)　パネルソー（図2・95）

　パネルの後ろに設置されている丸のこが，上下に移動して，合板等の板材を切断する。走行丸のこ盤とも呼ぶ。

図2・94　帯のこ盤の作業姿勢

図2・95　パネルソー

(2)　刃物研磨機（図2・96）

グラインダーともいう。回転している円形の砥石に刃物をあてて研ぐ。砥石面に注水する装置のないものは，適宜，刃物を水につけて冷やし，焼き戻りを防ぐ。

参考文献

・職業能力開発総合大学校　能力開発研究センター編，「建築〔Ⅰ〕―建築施工・工作法・規く術編―」，（財）職業訓練教材研究会，2001
・職業能力開発総合大学校　能力開発研究センター編，「木造建築実技教科書」，（社）雇用問題研究会，1989

図2・96　刃物研磨機

〈コラム1〉建築大工技能の習得法　―技は見て盗むから，科学的な指導法へ―

1.　はじめに

これまで建築大工の技能は，指導者の技を見て盗み，作業のカン・コツは経験を重ねることで体得されてきた。この技能の習得方法では基本的な大工作業の習得に多くの時間を要する。大工作業を効率よく習得させようとすると，熟練者の技能，作業のカン・コツを科学的手法で明らかにする必要がある。

そこで著者らは，図1に示す人間の20箇所の身体の位置データを推定し，座標データを測定できるKinect（Microsoft社製）を用いて，熟練者のカン・コツを定量的かつ定性的に把握し，未熟練者の動作と比較をした。これまでノコギリ挽き作業[1]，鉋掛け作業[2]，ノミと鉋刃の刃研ぎ作業[3]の動作解析を行なっているが，ここではノコギリ挽き作業と鉋掛け作業の動作解析結果について紹介する。

2.　ノコギリ挽き作業の動作解析

熟練者（技能グランプリ金賞受賞者）と未熟練者（学生）が断面寸法120×120mmのヒノキ材を横引きした場合の動作解析の結果について述べる。実験の様子を図2に示し，被切断材と座標軸の関係を図3に示す。

図4と図5に熟練者と未熟練者の右肘の座標を測定した結果を示す。図4の熟練者の右肘の座標のうち，x座標は0mm付近を示し，被切断材の切り墨（切断位置）を含むyz平面上に右肘があることがわかる。

一方，図5から未熟練者の右肘のx座標は，原点から正の方向へ100mm程の値を示している。この未熟練者は，被切断材の切り墨上（yz平面上）に右肘が存在していない。またy，z座標の値が不規則な変動をしており，一定のリズムでノコギリを動かしていないことがわかる。

図6から，熟練者の頭のz座標が負の値を示しているので，前傾姿勢を保ち，被切断材の前面の切り墨を目視して作業を行なっていることがわかる。それに対して，図7から未熟練者のz座標は，概ね原点付近の値を示し，被切断材の上端を中心に目視して作業を行なっている。また，熟練者のy座標値は大きな変動を示さないが，未熟練者のそれは上下に大きく変動していることがわかる。

以上のことから，熟練者は未熟練者に比べて前傾姿勢を保ちながら，一定のリズムでノコギリ挽き作業をしていると言えよう。

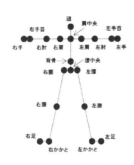

図1 Kinectで推定できる身体の位置

図2 実験の様子

図3 ノコギリ挽き作業の動作解析における座標軸

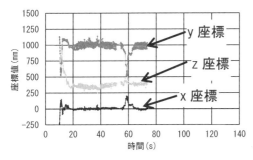

図4 ノコギリ挽き作業時の熟練者の右肘の座標

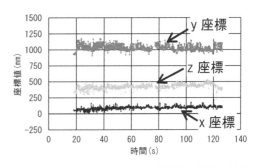

図5 ノコギリ挽き作業時の未熟練者の右肘の座標

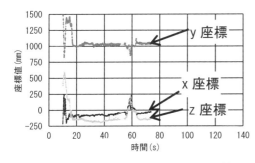

図6 ノコギリ挽き作業時の熟練者の頭の座標

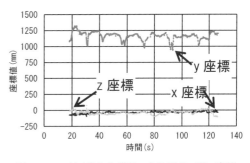

図7 ノコギリ挽き作業時の未熟練者の頭の座標

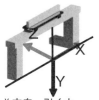

X方向:引く力

Y方向:押す力

Z方向:水平方向の力

図8 座標軸と力の方向

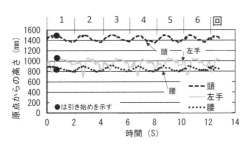

図9 熟練者の頭,左手,腰の原点からの高さ（y座標値,被削材長さ910mm）

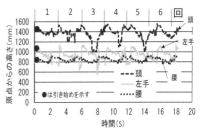

図10 未熟練者の頭,左手,腰の原点からの高さ（y座標値,被削材長さ910mm）

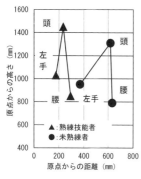
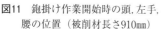

図11 鉋掛け作業開始時の頭，左手，
腰の位置（被削材長さ910㎜）

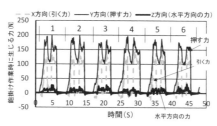

図12 熟練者の鉋掛け作業時に生
じる力（被削材長さ1820㎜）

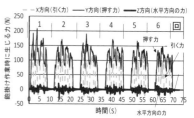

図13 未熟練者の鉋掛け作業時に生
じる力（被削材長さ1820㎜）

3．鉋掛け作業

3.1 動作解析について

熟練者と未熟練者の頭，腰，左手の高さ方向の座標，図8における原点に対するy座標値に着目した。図9に熟練者，図10に未熟練者のy座標値の一例を示す。

熟練者と未熟練者の頭の高さを比較すると，前者は頭が規則的に上下しているが，後者は不規則な上下動を示している。

また，図9，10の熟練者と未熟練者の鉋掛け作業開始時における頭，左手，腰のy座標値を図11に示す。同図から熟練者は前傾姿勢であるが，未熟練者は上半身が立っている姿勢をしていることがわかる。

3.2 鉋掛け作業時に生じる力の関係

熟練者と未熟練者の鉋掛け作業時に生じる力の関係を測定し，その一例を示す。図12から熟練者の鉋掛け作業時に生じる力は，引く力が120〜150N（平均140N），押す力が150〜200N（平均180N），水平方向に生じる力が10〜20N（平均15N）であった。熟練者の引く力と押す力の関係は，引く力を基準とすると概ね1：1.5の関係であることがわかった。

未熟練者については，図13から引く力が100〜120N（平均110N）の範囲で，押す力が130〜150N（平均130N），水平方向に生じる力が−10〜10N（絶対値の平均で10N）であった。未熟練者の引く力と押す力の関係は引く力を基準とすると概ね1：1.1の関係であった。

ここで熟練者と未熟練者の鉋屑の厚みを測定すると，未熟練者は0.02㎜〜0.04㎜，熟練者は0.01㎜〜0.02㎜

で，未熟練者は熟練者の約2倍の厚みであった。熟練者は鉋の刃の出を小さくして鉋を強く押さえているが，未熟練者は鉋の刃の出を大きくして鉋を軽く押さえている傾向が確認できた。

まとめ

効率よく基本的な大工作業を習得するために動作解析結果の活用法をいくつか提案する。

①熟練者の動作解析結果から，熟練者の作業時の型（フォーム），作業のコツを学べる。

②未熟練者自身の動作解析結果を分析することで，自らの作業姿勢，視線，力の掛け方などを客観的に把握することができる。

③熟練者と未熟練者自身の動作解析結果を比較・検討することで，作業姿勢，力の掛け方などの改善に活かせる。

謝辞

JSPS 科研費 課題番号26350221，課題番号15H02920の助成を受けました。

参考文献

1) 近藤，塚崎，玉井，前川，松留，山口：大工技能の動作解析に関する研究，日本建築学会学術講演梗概集，pp. 157〜158，2015.9

2) 塚崎，玉井，近藤，前川，松留：大工技能の動作解析に関する研究 —鉋掛け作業について—，日本建築学会学術講演梗概集，pp. 59〜60，2016.8

3) 西口，塚崎，玉井，定成，前川，松留：大工技能の動作解析に関する研究 —刃研ぎ作業について—，日本建築学会学術講演梗概集，pp. 359〜360，2017.8

第3章 規矩術

3・1　規矩術について

3・1・1　規矩術と規矩術の種類

　規矩術の規は円でコンパス，矩は直角でさしがねを示し，それらを用いて工作に必要な墨や寸法を正確に割り出す方法を，規矩術と呼んでいる（図3・1）。その方法には，直角三角形を基本としてピタゴラスの定理を用いた勾殳玄法，用器画により寸法や勾配を求める図解法，使用する材の幅を用いて墨をする木の身返し法，その他，計算法などがある。現場では，その場その場で使いやすい方法を選択して活用をしている。

3・1・2　さしがねの名称と目盛り

　木造建築では，規矩術や墨付けを行う定規としてさしがねを使用する。さしがねは，幅15㎜，厚さ1㎜程度の長い定規と短い定規をL形（直角）につないだ定規で，長い定規を長手，短い定規を妻手という（図3・2）。さしがねには表と裏があり，表には，表目と称する通常の目盛りが長手に50㎝，妻手に25㎝刻まれている（図3・3）。裏には，複数の目盛りが刻まれ，妻手には表と同じ目盛りが，長手の外側には裏目または角目といわれる表目の平方根（√2倍）の目盛りが刻まれ，内側には丸目といい，円の直径を測ると円周の長さが求まる1/3.14㎝の目盛りが刻まれている（図3・4）。

3・1・3　さしがねの使用法

　さしがねは，寸法を測ったり，墨差しを用いて部材に線を引く定規であるが，他の定規と異なる最大の特徴は，L形の形状にある。L形の形状は，部材に直角の墨（図3・5）を容易に

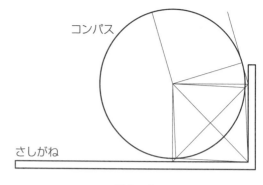

図3・1

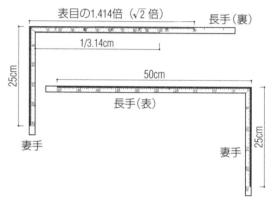

図3・2

図3・3　さしがね表

図3・4　さしがね裏

掛けられる。その他，後に説明する勾配の墨を
引くのに便利であり，規矩術に欠かせない用具
である。

3・1・4　さしがねの表目と裏目の関係

　さしがねの表目と裏目には，次のような関係
がある。

(1) 表目10＝裏目$10×1/\sqrt{2}$＝裏目$10×0.7071$

　　裏目10＝表目$10×\sqrt{2}$＝表目$10×1.414$

(2) 正方形の1辺を表目10とすると，その対角
　　線は裏目（角目）10となる（図3・6）。

(3) 正方形の1辺の半幅を裏目で両端から測る
　　ことで，八角形の頂点を求めることができる。
　　また，1辺の裏目を表目で両端から測っても，
　　同様に求めることができる（図3・7）。

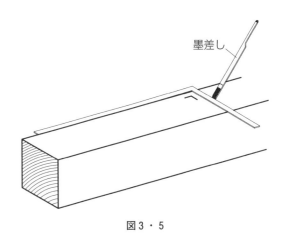

図3・5

3・2　勾配について

3・2・1　勾配と勾配の表し方

　勾配とは，屋根などの傾斜の程度を表し，建
築では角度ではなく，水平距離に対する垂直距
離（垂直距離／水平距離）で表す（図3・8）。
例として，水平距離10に対して垂直距離が4や
6の場合の勾配とは，4/10勾配や6/10勾配また
は4寸勾配や6寸勾配といい，垂直距離の数
字が大きいほど急な勾配を表している（図3・
9）。この場合の4/10など，数値は比率のため，
40/100，360/900でも同じ勾配となる。

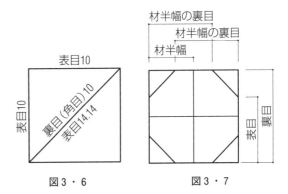

図3・6　　　　　　　図3・7

3・2・2　矩勾配・平勾配・返し勾配（図3・10）

　通常，建築物の勾配（屋根など）は，水平
面を基準として考える。水平面からの角度が，
45°の勾配を**矩勾配**（10/10）という。矩勾配よ
り緩い（角度が小さい）勾配を**平勾配**または，

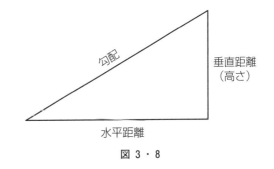

図3・8

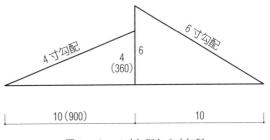

図3・9　4寸勾配と6寸勾配

ただ単に勾配といい，反対に急な（角度が大きい）勾配を**返し勾配**という（図3・11）。また，柱など垂直を基準とする部材が傾斜する場合は，返し勾配とはいわずに**転び勾配**という（図3・12）。

　勾配を部材に墨付けする場合は，部材の長さ方向を基準として，勾配または返し勾配を区別し，部材に打つ心墨や材端にさしがねを掛けて引く。勾配と返し勾配を引く場合の相違点は，引き出したい位置に，勾配なら基準の数値を合わせ，返し勾配なら「○○の返し勾配」の「○○」の部分の数値を合わせることである。例として，A点から右上がりに「4寸勾配」（図3・13）と「4寸の返し勾配」（図3・14）を示す。

3・2・3　平勾配と隅勾配(すみこうばい)

　屋根の形には，切妻屋根(きりづまやね)・寄棟屋根(よせむねやね)などがある。切妻屋根とは，棟を境に2方向に傾斜している屋根（図3・15），寄棟屋根とは，梁間(はりま)・桁行(けたゆき)の4方向に傾斜している屋根（図3・16）を指す。その傾斜した流れ方向AC（雨水が流れる方向）の勾配aが，平勾配または返し勾配となる。寄棟屋根ではその他，梁間・桁行の屋根が交わる部分A´Cを**隅棟**(すみむね)または**下り棟**(くだ)と呼び，この勾配bを**隅勾配**という。平勾配も隅勾配も，高さBCは等しいが，水平の距離が異なり，平勾配の水平距離ABの平方根（裏目）が隅勾配の水平距離A´Bとなる（図3・17）。この隅の部分には隅木という部材を用い，墨付けをするには平勾配のほか，隅勾配・長玄(ちょうげん)・投げ墨・隅中勾(すみちゅうこう)などの勾配が必要になる。これらの勾配は，次に説明する勾殳玄法の基本図から求めたり，図解法で展開図を起こして求めることができる。

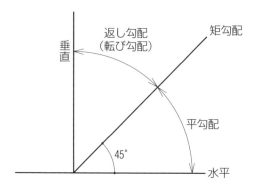

図3・10　勾配と返し勾配

図3・11　返し勾配

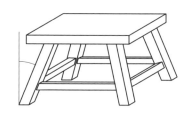

図3・12　転び勾配

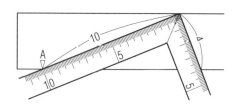

図3・13　4寸勾配

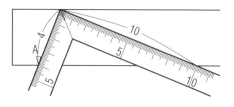

図3・14　4寸の返し勾配

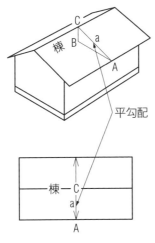

平勾配

棟－C

a

A

図3・15　切妻屋根

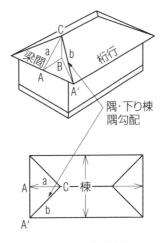

隅・下り棟
隅勾配

A　　C－棟

図3・16　寄棟屋根

3・2・4　平勾配の基本図（勾殳玄法）（図 3・18）

　直角三角形の高さBCを**勾**，底辺（水平距離）ABを**殳**，斜辺ACを**玄**と呼ぶ。勾は**鈎**（かぎ），立ち上がり，**立水**（たてみず）ともいう。殳は跨（また）ぐ意味を持ち**陸水**（ろくみず）ともいう。玄は，勾配・延びがねともいう。

(1)　勾と殳の交点Bから玄に直角に引いた線BDを，**中勾**という。

(2)　玄は中勾により2分割され，長い方ADを長玄，短い方CDを**短玄**という。

(3)　中勾と玄の交点Dから，勾に直角に引いた線DFを，**小殳**という。

(4)　小殳と勾の交点Fから，玄に直角に引いた線FGを，**小中勾**という。

(5)　中勾と玄の交点Dから，殳に垂線を引いた線DEを，**欠勾**（けっこう）という。

(6)　勾と玄の交点Cから，殳の延長線に玄に直角に引いた線CHを，**補玄**という。

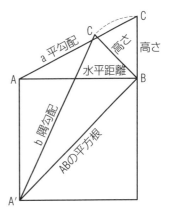

図3・17　平勾配と隅勾配

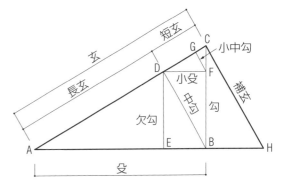

図3・18　平勾配の基本図

3・2・5 隅勾配の基本図 (図3・19)

直角三角形の高さBCを勾,底辺A´Bを**隅殳**,斜辺A´Cを**隅玄**と呼ぶ。勾は平勾配の基本図と等しくなり,隅殳は殳の$\sqrt{2}$倍(A´B＝$\sqrt{2}$AB＝裏目),隅玄は隅勾配になり,隅木の長さを示す。

(1) 勾と隅殳の交点Bから,隅玄に直角に引いた線BIを隅中勾という。

(2) 隅玄は隅中勾により2分割され,長いほうA´Iを隅長玄という。

(3) 隅殳と勾の交点Bから,隅中勾の長さBIを垂直にBI´をとり,隅殳と隅玄の交点A´から,斜辺AI´を引いた勾配を隅中勾勾配という。隅中勾の勾配は,隅木の上端を隅木をまたぐ両方の屋根面と平らになるように,削る勾配(山勾配)となる(3・3・6参照)。

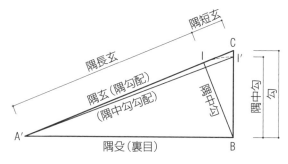

図3・19 隅勾配の基本図

3・2・6 各勾配と使用箇所

基本図の底辺(殳・隅殳)に対し,基本図の各辺の長さを垂直に立ち上げて引いた勾配を,それぞれの辺の名称の勾配と呼び,部材に墨を付ける際に使用する。なお,全ての勾配に返し勾配がある。ここでは,木造建築で使用頻度の高い勾配と使用箇所について紹介する。

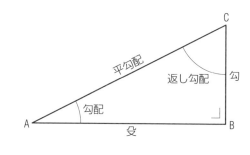

(1) 平勾配 (図3・20)

平勾配の基本図で,殳に対して勾を立ち上げた勾配である。屋根部材の墨付けに使用され,平勾配の屋根では返し勾配を使用し,屋根勾配が返し勾配の場合は平勾配を使用するが,ここでは,屋根は平勾配として考える。

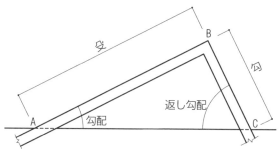

図3・20 平勾配

使用箇所(返し勾配)(図3・21)

ア.棟部分のたる木の側面の切墨

イ.配付けだる木の側面の切墨

ウ.棟部分の破風板の側面の切墨

エ.軒先を立水に納める場合のたる木,破風

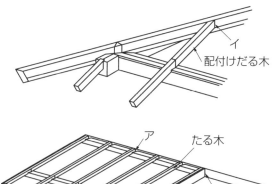

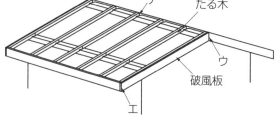

図3・21 使用箇所

板の側面の切墨

(2) **中勾の勾配**（図3・22）

⺼に対して中勾を立ち上げた勾配

使用箇所（返し勾配）（図3・24）

オ. 鼻隠・広小舞の側面（向こう留）の切墨
（隅木の入る屋根で軒先を直角に納める
場合）

(3) **長玄の勾配**（図3・23）

⺼に対して長玄を立ち上げた勾配

使用箇所（勾配）（図3・24）

カ. 隅木上端の桁，母屋，棟木，たる木の心
墨（出中側）

キ. 配付けだる木の上端・下端の切墨

使用箇所（返し勾配）

ク. 隅木上端の桁，母屋，棟木の心墨（入中
側）

ケ. 隅木鼻の上端の切墨

コ. 鼻隠・広小舞の上端（上端留）の切墨
（隅木の入る屋根で軒先を直角に納める
場合）

(4) **半勾配**（図3・25）

⺼に対して勾の1/2を立ち上げた勾配であり，
隅木幅を基準とした隅勾配の隅木幅を裏目にし
た時の勾配

使用箇所（勾配）

サ. 桁・母屋・棟木の側面の隅木との取合い
墨（落ち掛かり勾配）

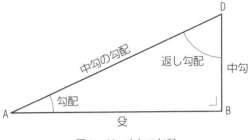

図3・22 中勾の勾配

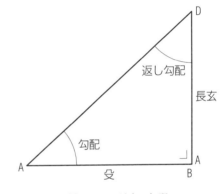

図3・23 長玄の勾配

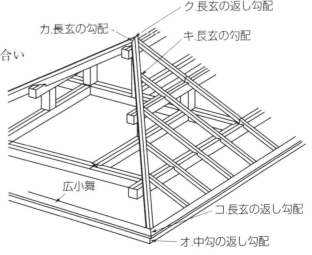

図3・24 使用箇所

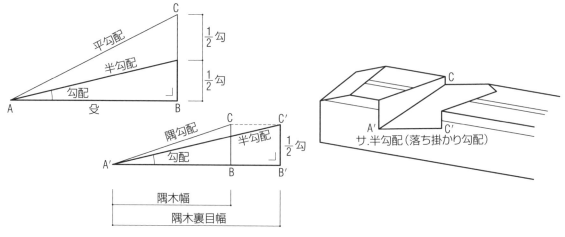

図3・25 半勾配と使用箇所

(5) **隅勾配**（図3・26）

隅殳に対して勾を立ち上げた勾配

使用箇所（勾配）

シ．隅木側面の峠墨や桁，母屋，棟木の上端
墨

ス．隅木山勾配を求める場合の隅木側面の陸
墨

使用箇所（返し勾配）

セ．隅木側面の桁，母屋，棟木，たる木の心
墨

ソ．軒先を立水に納める場合の隅木鼻の側面
の切墨

タ．隅木側面で品下を欠く場合の桁，母屋，
棟木の側面の墨

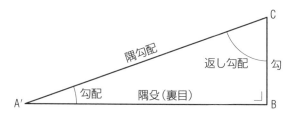

図3・26 隅勾配

(6) **隅長玄の勾配**（図3・27）

隅殳に対して隅長玄を立ち上げた勾配

使用箇所（勾配）

チ．隅木下端の桁，母屋，棟木の心墨および
幅墨

ツ．軒先を立水に納める場合の隅木鼻の下端
の切墨

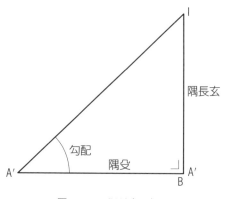

図3・27 隅長玄の勾配

⑺　**隅中勾の勾配**（図3・28）

隅殳に対して隅中勾を立ち上げた勾配

使用箇所（勾配）

テ．隅木木口の上端の勾配（隅木山勾配）

⑻　**隅殳と欠勾の勾配**（図3・29）

隅殳に対して欠勾を立ち上げた勾配

使用箇所（返し勾配）

ト．軒先を屋根勾配に直角に納める場合の隅
　　木鼻側面の切墨（投げ墨）

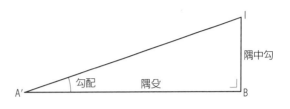

図3・28　隅中勾の勾配

3・3　小屋材の墨付け（図3・30）

小屋材とは屋根を構成する部材を指し，木造
住宅では勾配屋根が多いので部材も傾斜してい
るものが多い。ここでは，寄棟屋根の小屋材の
墨付けに必要な勾配や手順について紹介する。

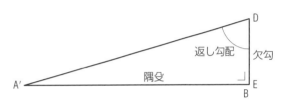

図3・29　隅殳と欠勾の勾配

3・3・1　高さの基準と峠の設定

高さ方向の基準は，土台上端と峠である。峠
とは，平面の基準となる通り心とたる木下端の
交点の高さで，桁峠や母屋峠などがある。峠の
高さを部材の側面に墨打ちしたものを，峠墨と
いう。峠墨から上がり下がりの寸法を出し，墨
付けすることで湾曲のある丸太などを使用して
も，正しく屋根を納めることができる（梁算段
という）。峠の設定は，桁の上端とする場合や
桁上端から数mm上げる場合があるが，峠を上げ
ることで，桁などのたる木欠きの量を少なくで
きるため，部材の断面を有効に使用できる。ま
た，峠を上げる場合には，部材に高さの基準を
示せないので，峠より任意の寸法を下げた水墨
と呼ばれる墨を打って，高さの基準とする（図
3・31）。

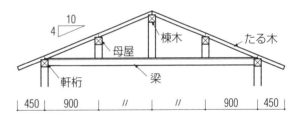

図3・30　小屋組

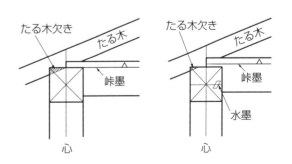

図3・31　峠の設定と水墨

3・3・2　小屋束の墨付け

　小屋束の墨付けをするには，始めに水平距離に屋根勾配を乗じて桁峠との寸法差を求めて墨をし，次に，そこから**胴付き**（材と材が接する所）を求め，最後に，ほぞの長さと向きを付ける手順である。以下に，屋根が4寸勾配で心心が900mm，峠を桁上端とした場合のA，Bの束の墨付けを示す（図3・32）。

　Aの束は，水平距離が900mmである。水平距離900mm×屋根勾配4/10で，桁峠から母屋峠までを360mmと求めて墨をする。上部の胴付きは，母屋峠から母屋の成寸法を下がって墨をし，下部は，桁峠から梁上端までの寸法を上がって胴付きとする。上下にほぞの長さを加え，向きを墨して完成である（図3・33）。Bの束は，水平距離1800mm×屋根勾配4/10で，母屋峠から棟木峠までを720mmと求める。後は，Aの束と同様に胴付きとほぞの墨を付けて完成である（図3・34）。

3・3・3　広小舞・鼻隠の墨付け（図3・35）

　軒先が屋根勾配に直角に納まる場合，広小舞と鼻隠の隅の切墨は上端または側面で，それぞれ同じさしがね使い（矩使い）となる。それらの墨についていくつかの求め方を考えてみる。

　広小舞の上端の切墨ABは，平面上では45°に納まるが，実際には傾斜しているため45°で加工したのでは納まらない。平面上の幅BC'は，実際の板の幅BCより狭く見えている。この狭く見えている幅（見た目の幅）は，側面図や展開図のACと等しくなる。そのため，切墨ABは，実際の幅BCに対する見た目の幅ACの勾配で，墨を付ければよいといえる。さしがねでは，実際の幅BCと見た目の幅ACの矩使いに

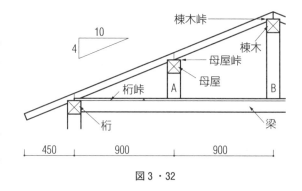

図3・32

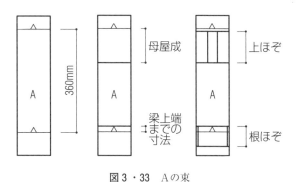

図3・33　Aの束

図3・34　Bの束

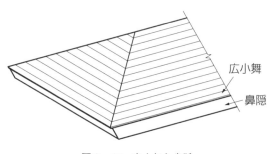

図3・35　広小舞と鼻隠

よる見た目の幅ＡＣの方を引いた墨となる。平面図と展開図では，ＡＣ（ＡＣ′）の寸法は変わらないが，上端の幅が見た目の幅ＢＣ′から実際の幅ＢＣに変わるため，切墨のＡＢが45°から変化する。図のように平面図や側面図から引出線を引き，展開図（用器画）により寸法や勾配を求める方法は，**図解法**（展開図法）と呼ばれ，技能検定にも用いられている（図3・36）。実際には，できた展開図に斜角定規等をあて切墨の勾配ＡＢを写し取って部材に墨をする（図3・37）。

　勾殳玄法では，実際の板幅を殳として，基本図を描いて考えた場合に，見た目の幅は基本図の長玄にあたる。それを実際の幅を殳，見た目の幅を長玄にあてはめると，切墨は殳と長玄の矩使いによる長玄の方を引いた勾配となり，長玄の返し勾配となる（図3・38）。勾殳玄法では，「広小舞の上端の切墨は？」といわれた場合に，「長玄の返し勾配」と簡潔にいうことができる。

　木の身返し法では，材の幅を活用して墨付けをする。考え方としては，相手の板は，屋根勾配で納まっており，板の幅はＡＢだと解っていること（図3・39ア）。また，見た目の幅は，広小舞の板が手前側や向こう側に倒れても変化しないことや，相手側の板でも同じことがいえること（図3・39イ）。以上のことから，まず，

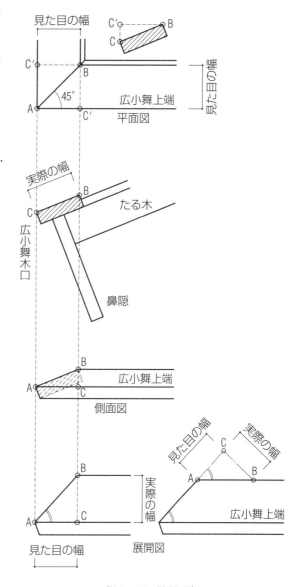

図3・36　展開図法

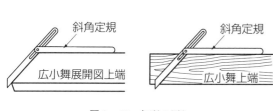

図3・37　勾配の写し

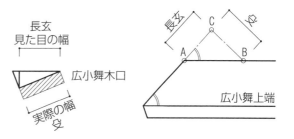

図3・38　勾殳玄法

上端に屋根勾配の線を引き，その線上にAから上端の実際の幅であるABを測って交点Bを作る。その実際の幅ABを上から見た相手の材の見た目の幅は，墨を付けている材の見た目の幅と等しく，その見た目の幅は変化しないことから，交点Bを通る材に直角を掛けると，反対側の材端の位置B′を求めることができる。材端の2点AB′が求まったので，結ぶと墨をすることができる。この方法は，展開図法と同じ考え方であるが，展開図法が板などに描いて求めるのに対し，木の身返し法は，墨を付ける部材に直接作図をして求めていく方法であり，現場において容易に墨を求めることのできる手法であるといえる。

以上のように，広小舞の上端の墨を例として，いくつか墨の求め方を紹介したが，それぞれ全く別の方法ではなく，その考え方は同じである。現場においては，その場に合った方法を選択し，迅速で正確な墨をすることが大切である。

広小舞の側面の切墨についても，上端と同様の考え方で求めることができ，勾殳玄法では，中勾の返し勾配となり，木の身返し法では，側面に屋根勾配の返し勾配を引き，その線上にAから実際の側面幅をとって交点Dとし，材に直角にD点を通って材端E点を出し，AEを結んで墨をする（図3・40）。また，鼻隠の墨についても，広小舞と同様に求めることができる（図3・41）。

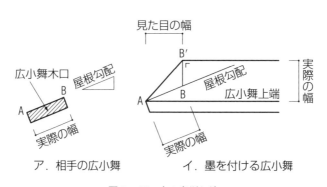

図3・39　木の身返し法

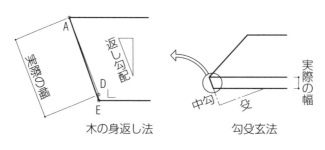

図3・40　広小舞の側面の墨

3・3・4　たる木の墨付け

　通常，現場ではたる木に墨を付けることは少なく，上部の切墨とおよその長さを切っておいて，取り付けた後，隅木鼻に糸を張ってたる木鼻の切墨を出して切りそろえることが多いが，たる木に墨を付けて取り付けることで，棟木や母屋の位置を確定する場合もある。

　墨をする場合，たる木のように傾斜している部材の長さは，斜距離で測らずに側面に，平面寸法（水平距離）と屋根勾配から高さを求めて，**雁木矩**（がんぎがね）と称するさしがね使いで墨を付ける（図3・42）。例として，屋根勾配が4寸勾配で心心900㎜の場合のたる木の墨付けを示す。さしがねは長さに限度があるので，心心の半分450㎜を繰り返して墨付けをする。高さは水平距離450㎜×屋根勾配4/10で180㎜と求め，450㎜と180㎜の矩使いで長さを測る。また，この矩使いは，水平と垂直の墨を引くことができ

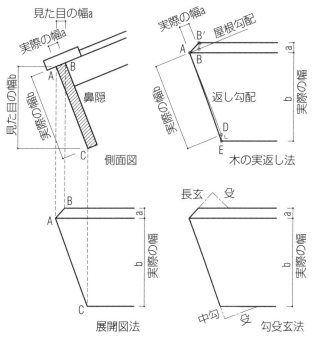

図3・41　鼻隠の墨

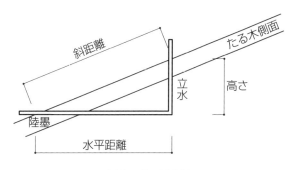

図3・42　雁木矩

るので，長さを測りながら桁心などの垂直の墨（立水）を引くとよい。長さが取れたら他の面に墨を回す。勾配の墨は，斜角定規などを用いると便利である（図3・43）。

3・3・5　配付けだる木の墨付け

配付けだる木とは，隅木の側面に取り付けたたる木をいう。隅木と取合う墨は平面上で45°であるが，勾配がついているために幅と幅の延びとなる。

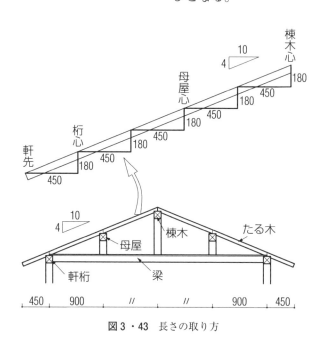

図3・43　長さの取り方

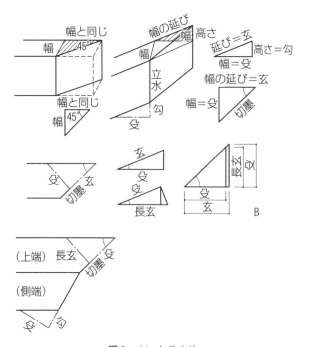

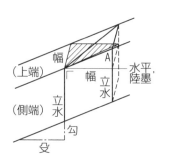

図3・44　勾殳玄法

図3・45　木の実返し法

延びは幅を殳とした場合の玄にあたるので，切墨の勾配は玄と殳の矩使いによる玄の方を引いた勾配となるが，殳を基準として考えると，殳と長玄の矩使いによる殳の方を引いた勾配となる。そのため，勾殳玄法では，上端の切墨は長玄の勾配で，側面の墨は，殳と勾の矩使いによる勾の方を引いた屋根勾配の返し勾配（立水）となる（図3・44）。

木の実返し法では，側面に胴付きである立水（屋根勾配の返し勾配）を引き，次に陸墨（材に対しては屋根勾配）を引いて，その線上に上端幅を取り，立水を引く。上端角Aを反対の上端角Bに矩をまいて写し，線で結んだものが上端の墨となる（図3・45）。

3・3・6　隅木の墨付け

(1)　隅木山勾配

隅木は勾配屋根の隅部に入る部材で，隅をまたぐ両方の屋根傾斜に合うように，上端を加工する。加工した勾配を隅木山勾配といい，頂点を峰，両角を**外角**（とかど）という。外角の位置は，次のように考えることができる。

桁心の位置で，たる木上端は水平である。屋根面を平らに納めるには，隅木上端の線①（峰〜A）の位置で水平になるように山勾配を加工すればよいので，墨付けは，まず，隅木側面に水平の線（陸墨）を引く。陸墨は，隅殳（裏目）と勾の矩使いによる隅殳の方の勾配で，材に対しては隅勾配となる。次に，その陸墨に峰〜Aの側面から見た長さを取る。長さは水平面では隅木の半幅と等しいので，上端から水平

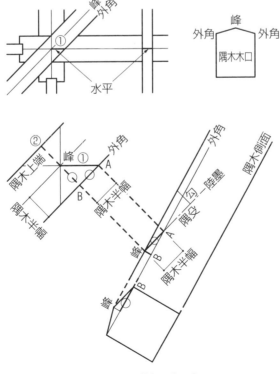

図3・46　外角の求め方

面（陸墨上）に隅木半幅を取ると，Aの位置を求めることができる。Aは外角線上の点なので，Aを通る部材に平行な線が外角線となる（図3・46）。

隅木の木口は点線②の位置で，木口における外角はBである。側面で峰からBが削る量（口脇（くちわき））であり，この寸法は，隅木半幅を底辺とした隅勾配の基本図にあてはめると，勾配（隅勾配）に対する直角の線である隅中勾にあたる。また，それを隅木の木口に置き換えると，隅木の半幅に対する削る量は，隅殳に対する隅中勾

となる。このことから，隅木の山勾配は，隅中勾勾配であるといえる（図3・47）。以上のように，外角を求めて山勾配を加工する。

(2)　隅木の長さ取り

長さは，たる木と同様に斜距離で測らずに，側面に雁木矩の矩使いで測る。相違点は水平距離が表目ではなく，裏目を使用する点である。例として，屋根勾配が4寸勾配で心心900mm，軒先の切墨まで450mmの場合の墨付けを示す（図3・48）。

長さは，側面と上端の角である外角で測る。

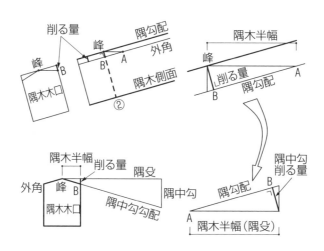

図3・47　隅木の山勾配

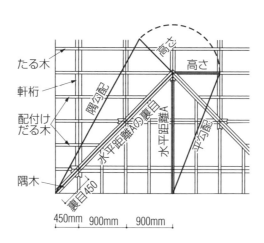

図3・48　屋根伏図

材料に少し余裕を見て，軒先側面の切墨の位置を出し，そこから桁心までの距離を測る。平面寸法の450mmを裏目で一度には出せないため，150と300の2度に分けて墨をする。水平距離に対して掛ける高さは，隅木もたる木も屋根面では等しいため，たる木で求めればよい。150に対する高さは，水平距離150mm×屋根勾配4/10で60mm，300に対する高さは300mm×4/10で120mmと求める。軒先の切墨から裏目150と60mm，裏目300と120mmの矩使いで桁心を引く。桁心から裏目300と120mmの矩使いを3度繰り返し，母屋心を引く。また，同様に同じ矩使いで3度測

り，棟木の心を墨する（図3・49）。

引いた心墨は横方向の部材の心であるので，次に，縦方向の部材の心を引く。平面で横方向と縦方向の心の間隔は隅木幅に等しいので，側面の横方向の心から陸に隅木幅を軒先側に取り立水を引いて，縦方向の心を引く。隅木上端の縦と横の心の交点を，**本中**という。縦と横の心のうち，本中より軒先側の心を**出中**といい，たる木割（たる木取付け位置）の基準となる。棟側を**入中**といい，長さを測る際の基準となる（図3・50）。

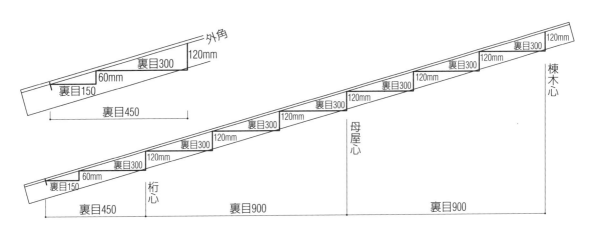

図3・49　隅木長さ取り

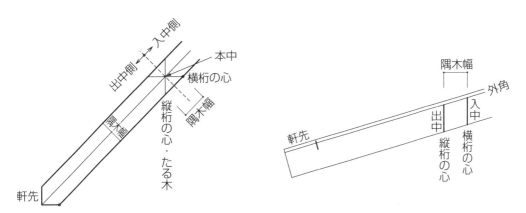

図3・50　出中と入中

⑶　たる木の墨

　たる木を取り付ける位置は，出中から450㎜の位置となるので，出中から裏目150と60㎜，裏目300と120㎜の矩使いで，墨をする（図3・51）。

⑷　上端・下端の墨

　側面に長さ取りができたので，次に他の面に墨を回す。下端の桁心や母屋心は，たすき状になるので出中・入中をそれぞれ反対側の角に写して，たすき状に結んで墨をする。引いた線の勾配は，隅長玄の勾配となる。上端の桁心や母屋心は，上端を山勾配に加工してあるため，出中と入中で異なる勾配の墨となる。**木の実返し法**では，上端に入中から軒先方向に隅勾配の線を引き，その線上に隅木半幅を取り，その交点を峰まで直角に移動して本中を求め，出中・入中と結んで墨をする。**勾殳玄法**では，出中は殳と長玄の矩使いによる殳の方を引いた長玄の勾配となり，入中は殳と長玄の矩使いによる長玄の方を引いた長玄の返し勾配となる（図3・52）。

⑸　軒先と棟の切墨

　軒先の上端は桁心の入中と同じ長玄の返し

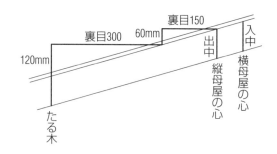

図3・51　たる木割

勾配となる。側面は軒先を屋根に直角に納める場合は投げ墨と称する切墨となり，隅殳と欠勾の矩使いによる欠勾の方の勾配となる。または，軒先の基準に立水と材に直角の線を引き任意の位置で陸墨を引いて立水と直角の線の間隔と同寸を内側に測り，基準と結んで墨をしても同じ勾配を引くことができる。下端は，投げ墨を陸に隅木半幅移動した線を引き下端の角から矩を巻いて先端とし投げ墨と結んで墨とする。棟部は，手前側面は出中，向こう側面は入中で切断して拝みとする（図3・53）。

⑹　峠とたる木下端墨

　高さの基準は，先に説明したように，峠となる。隅木の峠墨は，外角から入中上にたる木の

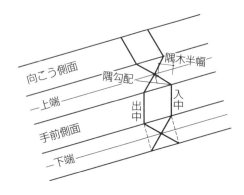

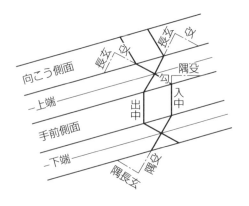

図3・52　上端，下端の墨

立水寸法を取った点となり，陸墨を引いて峠墨とする。峠を通る部材に平行な墨を打ち，この墨を**たる木下端墨**という。また，たる木下端墨から下部を**品下**という（図3・54）。

　品下は，桁等と取合い部分を欠き取る場合と欠き取らない場合がある。近年の木造住宅の現場では，隅木の断面を有効に使用するため，品下を欠き取らずに納めることが多く，その場合は，桁などの方をその分多く欠き取る必要がある。後に紹介する技能検定の課題では，品下を

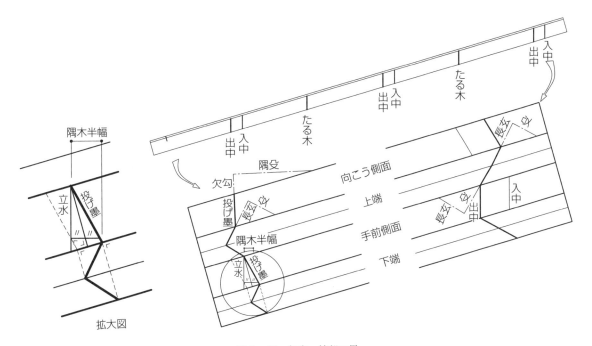

図3・53　軒先，棟部の墨

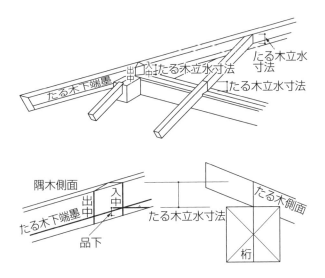

図3・54　たる木立水と品下

欠き取って納めており，その場合は，取り合う
部材の幅墨を引く必要がある。隅木は45°に納
まっているため，心から振り分ける幅は平面上
で桁等の半幅の裏目と等しくなる。実際には，
隅木の側面で出中・入中それぞれを心として，
陸に桁等の半幅を裏目で振り分け，立水を引い
て幅墨とする。引いた桁等の幅墨と峠墨，たる
木下端墨，隅木下端で囲まれた範囲が，欠き取
る部分となる（図3・55）。

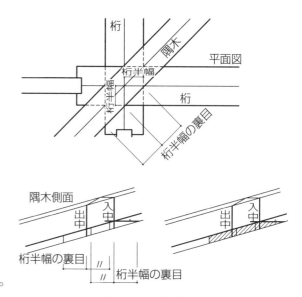

図3・55　桁の幅墨

3・3・7　桁の墨付け

桁には，心墨のほか，たる木の下端墨を打つ。
たる木下端の墨は，峠が桁上端の場合は外側面
だけでよいが，峠を上げた場合には上端と外側
面の2面に打つ必要がある。外側面に打つたる
木下端の墨を口脇墨といい，たる木・隅木との
取合い墨をする際の基準とする。また，峠を上
げた場合には，高さの基準がなくなるため，峠
より任意の寸法を下げた水墨を打ち，「峠より
〇寸下がり」と明記しておき高さの基準とする
（図3・56）。

隅木との取合いは，上端の心墨上に隅木幅を
裏目の半幅で振り分け，矩勾配を引いて墨をす
る。外側面に隅木の幅墨を回し，隅木内側の側
面と口脇墨の交点Fから品下の寸法を下げたG
点を通る墨，**落ち掛かり勾配**と称する屋根勾配
の半分の勾配を引く。これは，隅木が45°に納
まるため，隅木の幅BCと等しいABが，桁の
外側面においてABの裏目ACになるため，隅
勾配ADが半勾配CEになるためである。落ち
掛かり勾配は，桁の上端角まで引き延ばし，そ
こから矩勾配で戻り上端の墨とする。欠取りが
深い場合は，内側面にも落ち掛かり勾配を引い
て取合いの墨とする。隅木の品下を加工した場
合は，隅木内側と口脇墨の交点Fを基準とし，

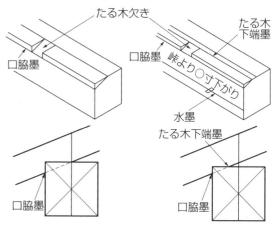

図3・56　口脇墨と水墨

落ち掛かり勾配を引く（図3・57）。

　桁相互の仕口は，ねじ組や大入れ蟻掛けで蟻を寄せるか，蟻が有効な茶臼蟻掛けなどを用いる（図3・58）。ねじ組は，隅木の欠取り部を考慮して，外側面の落ち掛かり墨と部材の下端までの寸法の半分ずつを欠く相欠きである。まず，外側面で相手の桁幅の位置で，桁下端から落ち掛かり勾配までそれぞれ1/2の欠込み深さとする。内側面は，外側面の深い方◎（材内部側）の欠取り量が浅い方（材端部側）の欠取り量となり，深い方は，その寸法◎に浅い方○と深い方◎の差を加えた量となる。また，外側面の材端部側△印の位置を1/2に定め，そこを通る屋根勾配の1/4勾配を引いて求め，□寸法を測り，内側面の材端部側に取り，1/4勾配を引いて求めてもよい。ねじ組は上木と下木があり，墨付けはほぼ同じである。相違点は上木なら下部を欠き取り，下木なら上部を欠き取るため，相互の幅墨を上端に回すか，下端に回すかという点である（図3・59）。

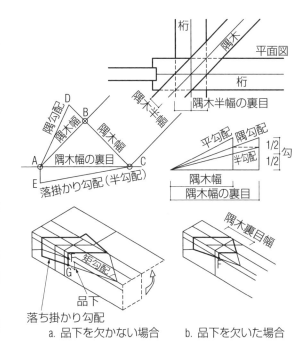

図3・57　隅木取合い

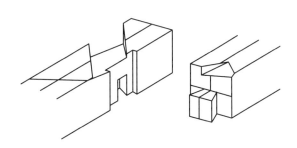

図3・58　茶臼蟻掛け

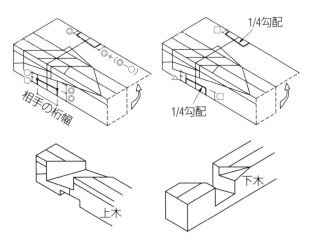

図3・59　ねじ組

3・4　展開図について

3・4・1　勾配のついた部材への墨付け

　建築大工職種の３級技能検定課題は，従来，たる木が２本入った小屋組だったが，平成30年度より５寸勾配の屋根に棒隅木と平たる木を納めた小屋組みの一部に変更された（図3・60）。試験時間は従来と同じく２時間45分が標準時間，その他15分間の延長をした３時間が打ち切り時間となる。その時間内に墨付け，加工，組立てを行う課題である。飼木（ねこ）を除くすべての支給材料は４面をかんな仕上げとすることとなっているが，１級や２級の技能検定と異なり，部材のかんな削りは薄削り仕上げとなっている。

　この課題のポイントは斜材である平たる木と隅木の墨付けである。一般的に，たる木のように勾配のついている部材の長さは部材なり（流れ）には測らず，部材の側面に平面寸法と屋根勾配から高さ（立ち上がり）を求めて，雁木矩（がんぎがね）と呼ばれるさしがね使いで墨を付ける（図3・61）。このさしがね使いでは，長さの墨を出す

ほか，水平と垂直の線を引くことができる。桁心，棟木心，上部切墨は垂直の線（立水）となるので，長さを測ると同時に，部材側面に墨を付けることができる。隅木も同様であるが，平面寸法が45度方向に伸びていることに注意が必要である。

⑴　展開図の描き方

　３級技能検定の課題には，平たる木・隅木展開図の例が参考図として示されている。技能検定試験では特に展開図を作図することは要求されていないが，ここでは課題をもとに平たる木

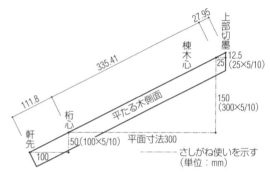

図3・61　雁木矩

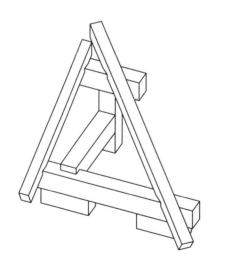

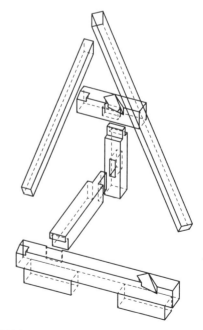

図3・60　現行の３級技能検定課題

展開図，隅木展開図の描き方を説明する。規矩術でいう展開図法は幾何画法により部材を展開し，必要な寸法や勾配を求める手法であり，習得すれば比較的容易に複雑な課題も解くことができる。

（a）平面図

始めに平面図を描く。平面図は，可能な限り実際の大きさ（現寸）で描くとよい。現寸は，縮尺したものに比べ精度がよいほか，描いた図を測れば，そのまま長さを求めることができる。また，最近ではCADを用いて描くこともあり，正確な勾配や寸法を容易に求めることができ便利である。平面図は展開図に必要な部分だけを描いてもよいが，ここでは実技試験課題図にしたがって，平面の全体

を図示する（図3・62）。

平面図から，平たる木の平面での長さは425mmだと確認できるが，実際の平たる木の長さ（実長）は勾配がついているため，425mmより長くなっている。それでは，どの程度延びて，全体で何mmの長さが必要なのであろうか。長さを求めるには，先に説明した雁木矩やピタゴラスの定理を用いて計算してもよいが，ここでは作図により求めていくことにする。作図により斜材の実長を求めるには，求めたい部材を真横から見た側面図を描けば，実長を求めることができる。

（b）平たる木の展開

平たる木は左右のどちら側を描いてもよいが，ここでは参考図にしたがい平たる木の右

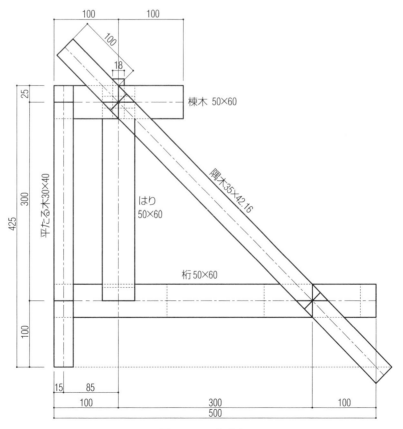

図3・62　平面図

上①を基準として描き，平面図からの引出線が短くなるように平面図の左側に展開する。展開図は平面図に重ねて描いても問題ないが，解りやすくするため重ねずに描く方がよい。平面図の平たる木中心より左外側100mm程度の位置に，平たる木と平行な線（陸墨②）を引く。この平行な線を水平面に見立て，陸墨②を基準に展開する平たる木の勾配を引く（図3・63）。この課題の平たる木の勾配は5寸勾配となっているので，水平距離（地間）に屋根勾配を乗じて高さ（立上がり）を求めて陸墨から立上がりを取り，線を引く。この課題では，軒先から棟木心までの地間が400mm，屋根勾配が5/10なので，立上がりは400mm×5/10で200mmとなる。棟木心で陸墨から立上がり200mmの点を出し，軒先の点と結んで斜辺（右上線③）を引く。平たる木の棟木側の端部は，棟木の幅と同寸となっているので，斜辺は長めに引いておくとよい。平たる木の棟木側端部は地間で棟木心より，棟木半幅の25mm延びているので，この位置にも立上がりの引出線を引いて切墨とし，軒先からこの点までの斜辺が平たる木の実長になる。

　展開の基準となる右上線③が引けたので，次に平たる木の成40mmを右上線③の右側に展開して右下線④を引いて右側面を描く。右側面において，桁心墨，棟木心墨，上部切墨は垂直（立水）なので，平面図からの引出線がそのまま右側面の墨（立水）となる。平たる木の軒先は屋根勾配に直角に納めるので切墨は平たる木に直角に引いて，右側面展開図を描く（図3・64）。

　平たる木の断面は幅30mm×成40mmなので，右上線③から左側に15mmで上端の中心線，さらに15mmを取り左上線⑤を引いて上端幅を描く。次に左上線⑤から40mmを取り，左下線⑥を引き，左側面幅を描く。最

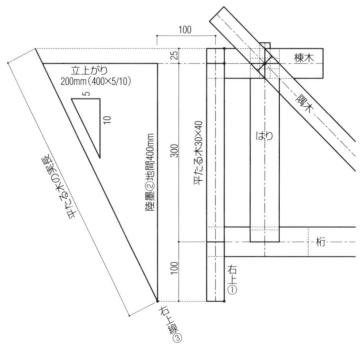

図3・63　たる木の勾配と実長

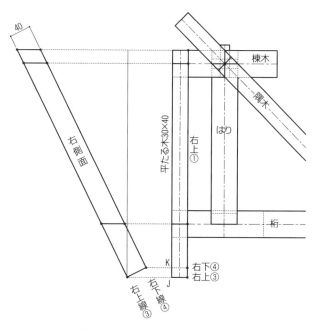

図3・64 平たる木右側面展開図

後に，左下線⑥から15mmを取り中心線，さらに15mmを取り右下線④を引いて下端の展開をする。どの辺を切って展開するかで異なってくるが，切った辺は展開図の両端にあり，今回は右下④の位置を切って展開したので右下線④が2か所にある。平たる木の軒先は屋根勾配に直角に納めるので右側面の軒先切墨を延長して各面の軒先切墨とする。平たる木上端に描く桁上端の心墨は右上線③Aから左上線⑤Bへ部材に直角に展開して描く。左下の桁心位置は右下線④Cから部材に直角に引出線を引き左下線⑥との交点Dとなるので，点BDを結んだものが左側面の桁心墨となる。右下端の桁心墨は点CDを下端方向に延長したDとEを結んだものとなる。棟木の上端の心墨及び上方の切墨も同様に描くことができる（図3・65）。

(c)　隅木の展開

　平たる木につける桁・棟木の心墨は一本のみであったが，隅木には，桁行方向と梁間方向の2本の心墨がある。隅木上端で桁と隅木の中心の交点Gを本中という。隅木上端に記した桁心墨が隅木側面角で一致する交点は左右の2か所あるが，本中より軒先側の交点Fを出中，棟木側の交点Aを入中と呼ぶ。隅木と棟木が取り合う箇所も同様である（図3・66）。

　隅木の展開図は，参考図にしたがい左側面を基準として，平面図から左側面に描いた各位置まで引出線を立ち上げる。次に展開したそれぞれの線まで，部材に直角に移動させ，線で結んで墨を表す手順となる。

　始めに隅木の平面図を描く。平面図に重ならないように隅木心より上側（右側面）に170mm程度離した位置に隅木と平行な陸墨①を引く。平面図で隅木での桁の入中Aより陸墨に直角に引出線②を引き，陸墨①と引出線②の交点をBとする。棟木の入中Cより直角に引出線③を引き，陸墨①との交点をDとする。Aから棟木入中までの地間は300mm，

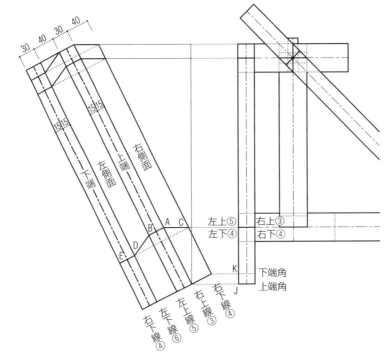

図 3・65 平たる木各面展開図

図 3・66 隅木の入中, 本中, 出中

屋根勾配が5/10なので, 桁から棟木への立上がりは300mm×5/10で150mmとなる。棟木入中線③で陸墨Dより立上がり150mmの点Eを出し, B点と結んで隅木の勾配の左下線④を引く。線④は, 隅木の軒先側と棟木側端部にて, 棟木及び桁心より長めに引いておく（図3・67）。

隅木の上部の切墨は棟木の入中Cより100mmとなっているが, 軒先側の切墨は, 課題文の墨付け指示により平たる木の出に合わせて投墨とするようになっている。平たる木の出は桁中心より100mmとなっているの

で, 桁の出中Fより隅木軒先上端J'までの長さは　裏目で100（100mm×$\sqrt{2}$）の位置となる。隅木の軒先下端位置は, 平たる木側面図のKより延長して隅木平面の右側面位置との交点K'となる。隅木の成は42.16mmなので, 線④（左下線）から上側に42.16mmを取り, 左上線⑤を引く。

平面図における隅木の左側面に接する桁の心のA（入中BB'）, F（出中HH'）, G（本中）を左上線⑤まで陸墨に直角に立ち上げる。棟木の入中EE', 出中, 本中についても, 同様に左上線⑤まで引いておく。隅木

の軒先は平面図の軒先上端 J'と下端 K'から陸墨に直角に立ち上げ，線⑤と線④の交点 J"と交点 K"まで立ち上げる。隅木軒先の左側面の切墨は点 J"と点 K"を結んだものとなる。隅木棟木側端部切墨は平面図で入中より

100mmとなっているので，点Iより陸墨に直角に左上線⑤まで立上げ側面の切墨 I'とする（図3・68）。

　左上線⑤より幅の半分の17.5mmで上端の中心線，さらに17.5mmを取り，右上線

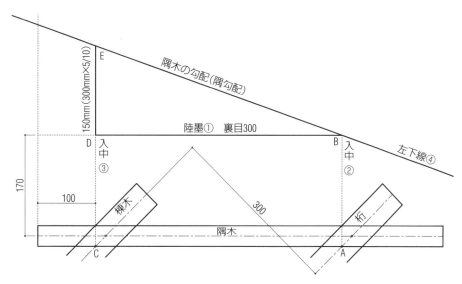

図3・67　陸墨と隅勾配

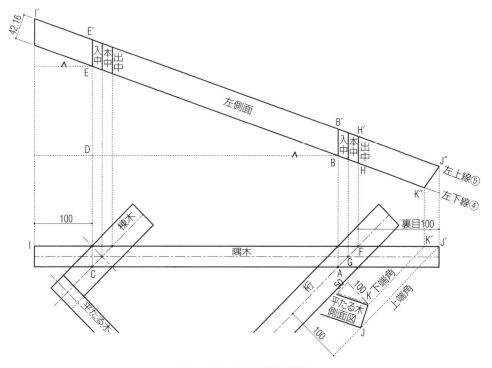

図3・68　隅木左側面展開図

を引いて右上線⑥（上端幅）描く。次に右上線⑥から42.16mmを取り，右下線⑦を引き，右側面幅を描く。最後に，右下線⑦から17.5mmの中心線を取り，さらに17.5mmを取り左下線④を引いて下端の展開をする。

　展開図における右上線⑥上の入中，出中，本中，および軒先及び棟木側端部切墨は，左上線⑤の各位置から隅木に直角に引出した線が，上端の各位置B″，H″を表す。隅木上端の桁上端中心線は，線⑤の入中と線⑥の出中を結んだ線B′H″に，梁間方向桁の直交心墨は，線⑤の出中と線⑥の入中を結んだ線H′B″となる。

　右下線⑦での桁心位置（出中）は左下線④Hから部材に直角に引出線を引いた右下線⑦との交点Lとなるので，点H″とLを結んだ線が右側面の桁心墨（立水）となる。右側面の

他の桁や棟木の心墨，及び隅木上部切墨は，すべて線H″Lと同じ勾配（立水）で引けばよい。

　本課題では，隅木は山勾配に取っていないので，下端の心墨は上端と同様に引けばよい。下端の各墨は左下線④の各点を，下端位置まで部材に直角に引出線を引き，上端の墨付けと同様の手順で記すことができる（図3・69）。

　課題では平面の基準となる通り心と平たる木下端の交点の高さである峠は，隅木下端と入中の交点から引かれた陸墨となっているので，点Eにも陸墨を引き，これらの陸墨に峠の合印を描いておく。また，隅木の立水成は平たる木の成と合わせたこの課題では，隅木の下端は平たる木下端と共通となっているので，隅木下端の欠き取りは特に必要としない。

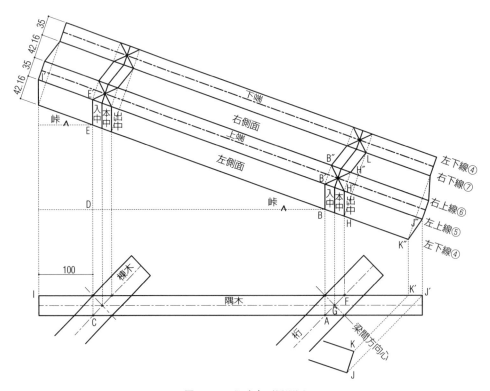

図3・69　隅木各面展開図

⑵ **参考図**

　3級技能検定の展開図の参考図を図3・70～図3・73に示す。

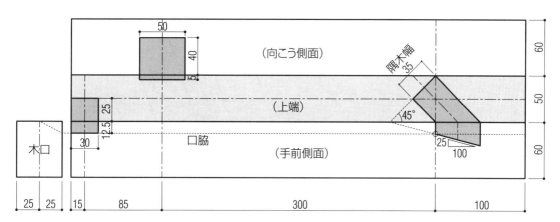

図3・70 桁展開図

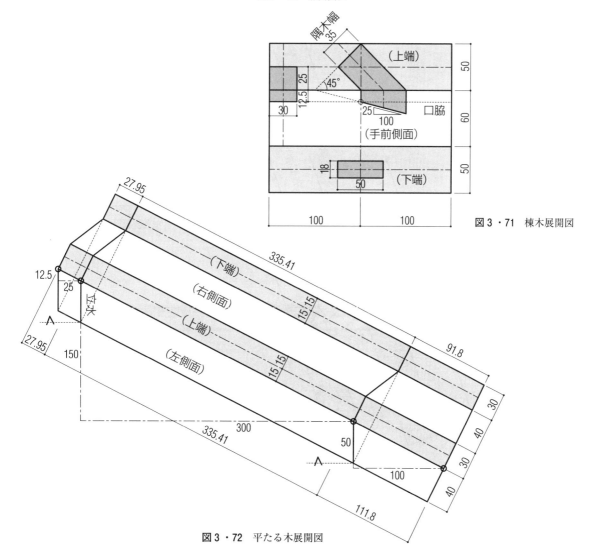

図3・71 棟木展開図

図3・72 平たる木展開図

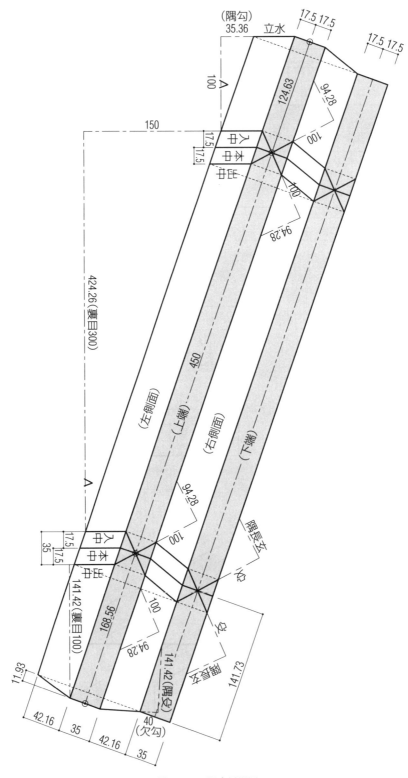

図3・73　隅木展開図

3・4・2 振れだる木展開図 1

　平成15〜24年度の2級技能検定の課題は，5寸勾配の屋根にたる木と振れだる木（5寸勾配の振れ）が2本入り，軒先に鼻隠を取り付けた小屋組の一部である。ここでは，2級技能検定において要求される現寸図（図3・74）である，振れだる木の展開図の描き方について説明をする。

　なお，本文中のアミ掛け部分を見ると，図を描く手順を追うことができる。

⑴　**平面図を描く**

　振れだる木の展開図を描くには，始めに平面図を描き，それを基に展開をする。課題では，平面図の描く位置は，模造紙788mm×1091mmを横長に使用し，梁の心を用紙の左端より450mm，柱の心を用紙の上部から120mmで描くように定められている（図3・75）。平面図は展開図の基となるため，直定規と三角定規をうまく使用し，寸法および直角度を正確に描く必要がある。各部の寸法は，下記のとおりである。

　（a）　各部材の寸法

　　①柱　　　　600mm×60mm×60mm

　　②桁　　　　600mm×60mm×72mm

　　③梁　　　　600mm×60mm×60mm

　④振れだる木　650mm×36mm×現寸図による

　⑤たる木　　　800mm×40mm×60mm

　⑥鼻　隠　　　650mm×24mm×70mm

　⑦鼻　栓　　　200mm×12mm×12mm

　⑧飼木（ねこ）300mm×60mm×48mm

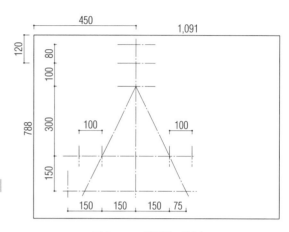

図3・75　平面図の位置

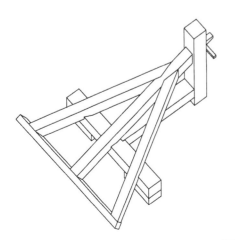
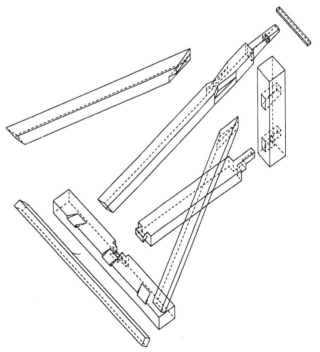

図3・76　旧2級技能検定課題

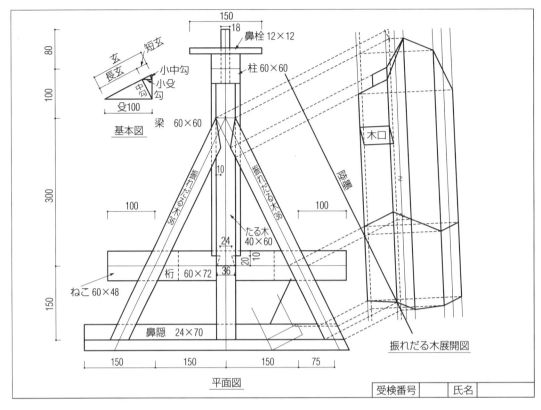

図3・74 要求図面

(b) 鼻隠の平面図は，見た目の幅が不明の
ため直接描けないので，たる木と鼻隠を側
面から見た図（側面図A）を描いて，鼻隠
の見た目の幅およびたる木の下端線を求め
る。まず，屋根勾配である5寸勾配を平面
図のたる木に掛けて引いて，たる木を側面
から見た勾配を引く。次に，鼻隠の断面寸
法24㎜×70㎜と，たる木の成寸法60㎜を描
く。その各位置を通る水平線が，平面上の
見た目の位置となる。

寸法を求めて描く場合は，上端の
見た目幅は上端を殳とした時の長玄
にあたり，長玄＝殳²/玄で求まるため，
24^2㎜$/\sqrt{24^2㎜\times12^2㎜}$で約21.5㎜なる。側
面の見た目幅は成寸法を殳とした場合の
中勾にあたり，中勾＝勾×殳/玄で求まる

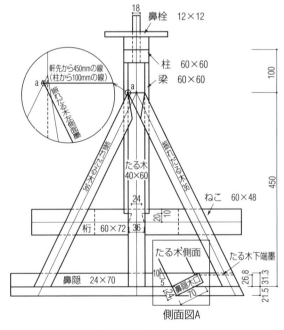

図3・77 鼻隠平面図

ため，35㎜×70㎜/約78.3㎜となり，約
31.3㎜と求める。たる木下面の墨も同様に
中勾となるため，30㎜×60㎜/約67.1㎜で
約26.8㎜と求める。

(c)　今回の展開図は，右振れだる木の左側面
を基準として展開している。そのため，そ
の線と長さの基準であるたる木と振れだる
木の取合いの位置との交点が必要となるた
め，振れだる木の左側面は延長して描き，
軒先から450㎜（柱心から100㎜）の振れだ
る木の取付け位置との交点aを作っておく
（図3・77）。

(2)　振れだる木展開図を描く

(a)　陸墨を引く

課題では，右側の振れだる木展開図を，平
面図に重ならないように描くことが要求され
ている。平面図に重ならないようにするには
右側に振れだる木に平行な線である陸墨①を
引き，それを基準に展開する。陸墨は，振れ
だる木心より平行に150㎜内外に離すのが適
当である（図3・78）。

(b)　陸墨に対する振れだる木の勾配を引く

振れだる木左側面の軒先から，振れだる木
に直交する線②を陸墨①まで引く。この交
点bが，振れだる木展開図を描く基準となる。
次に，交点aから，振れだる木に直交する線
③を引く。引出し長さは，陸墨①から225㎜
以上（立上がり）延ばした位置まで引く。引
出線③の引出す位置は，注意が必要である

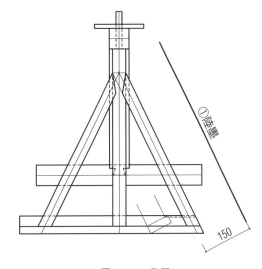

図3・78　陸墨

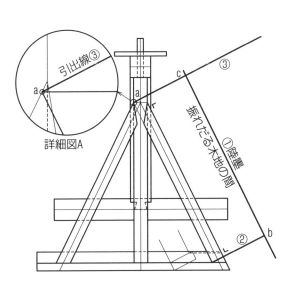

図3・79　振れだる木地の間

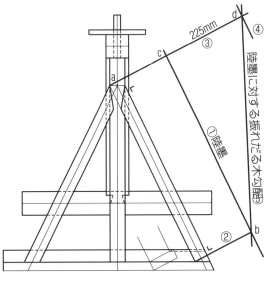

図3・80　振れだる木勾配と実長

（図3・79詳細図A参照）。次に，**立上がり寸法を求める。**平だる木も振れだる木も高さは等しいことから，平面図の水平距離×屋根勾配で立上がりが求まる。

450mm×5/10＝225mm

その寸法を陸墨①上の交点cから引出線③上に取り，陸墨と平行に線④を引く。陸墨①と引出線②の交点bと，引出線③と線④の交点dを結んだ線⑤が，陸墨①に対する振れだる木の勾配となり，実長（実際の長さ）を表

す（図3・80）。

(c)　曲を出し，木口を描く

この課題では，振れだる木に曲を取っている。たる木は，通常，矩形の断面をしているが，振れた場合は，振れた方の角が鋭角になる平行四辺形に変化する。このように，削り変形させることを曲を取るといい，曲を取ることにより，たる木と同様に口脇を平らに加工し，屋根面を平らに納めることができる。

図3・81に示すように，屋根面を平らに納

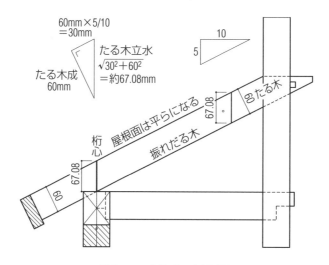

図3・81　振れだる木側面図

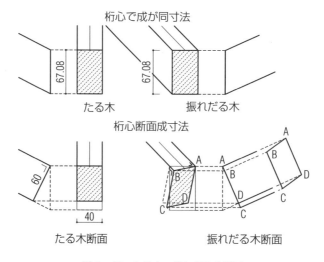

図3・82　たる木・振れだる木断面

めるには，たる木と振れだる木の立水寸法67.08㎜や，側面から見た成寸法60㎜が等しくなくてはならない。立水寸法が等しいということは，桁心で切断した断面の成寸法は等しくなるが，実際のたる木と振れだる木の断面は異なる。断面は，材料に対して直角に切断した面であるから，たる木は，屋根勾配に直角に切断した40㎜×60㎜が断面であるが，振れだる木はA点から材の端部に直角に切断したB点とAB点から，振れだる木勾配に直角に切断したCD点となり，ABCDが振れだる木の断面，木口となる（図3・82）。

　平面図において，B点の位置は振れだる木の幅が36㎜，振れが5寸のため，側面で桁心A′から陸（平面上）に18㎜振れだる木の勾配で下がった位置となる。側面図に置き換えると，任意に垂線①を引き，右上端線②との交点B′から陸墨③を引き，B′から18㎜取った交点がA′となり，A′から垂線を上げ右上端線②との交点がA，また，A′を通る振れだる木の勾配である右上端線②と平行な線である左上端線④を引いて，垂線①との交点がBとなる。要するにA′から陸に18㎜振れだる木勾配で下がった点がB点となる（図3・83）。

　展開図では，線⑤が左上端線であるから，

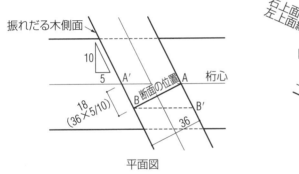
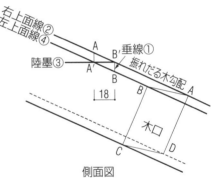

図3・83　振れだる木の曲

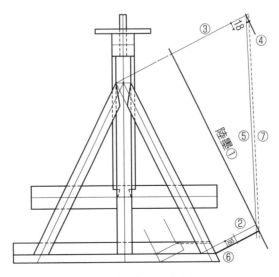

図3・84　展開図における曲の量

線⑤から陸墨①，④上に18mm測ったそれぞれの交点を結んだ線⑦が，右上端線となり，曲の量は線⑤と線⑦の間隔となる。また，線⑦は，平面図の振れだる木右側面の軒先から，振れだる木に直交する線⑥を引いて陸墨①との交点を作り，この交点を通る線⑤に平行な線を引いても，引出線の間隔が18mmとなるため，同様になる。線⑦は，曲を求めるために引く線であり，実際の展開する線とは異なるので，薄く引くとわかりやすい。なお，本書では破線で示す（図3・84）。

次に，木口を描く。振れだる木の幅は36mm，曲を取った上端から下端の寸法は，平だる木の成と等しくなるため60mmとなる。この寸法を用いて，木口を描く。まず，振れだる木の展開に直交する線を引き，36mm測って幅墨を引く。次に，木口の右の角が鋭角になるように上端を結び，上端に平行に60mm測って下端を引き，木口を描く。木口を描くと左側面幅ＢＣが描けるので，左下Ｃを通る線⑤の平行線⑧を引き，左側面の展開ができる。ま

た，展開作図法に必要なため，右下Dを通る線⑨も線⑦同様に薄く引いておく必要がある。このように，わかっている寸法で木口を描き，不明である展開の開き幅を求めて展開するというのが基本であるが，正確性を求め，たる木の立水寸法を計算し，平面図からの引出線②，③（立水）上に，線⑤からたる木立水寸法67.08mmを取り，交点を結んで左下端線⑧を引き，引出線②，③と線⑧の交点に陸墨を引き，18mm測った交点を通る⑧の平行線，右下端線⑨を引いた後，幅36mmで木口幅を描き，曲を結んで木口を描く場合もある（図3・85）。

(d) 展開する

木口が描けたことで，展開の上面の幅Ａ〜Ｂ，下面の幅Ｃ〜Ｄ，左側面の幅Ｂ〜Ｃ，右側面の幅Ａ〜Ｄが求まったので，この幅を実際に測って展開するか，コンパス等を用いて展開図に直角に寸法を取り，展開する（図3・86）。または，計算により開き寸法を求めて展開する。寸法を求めるには，まず振れ

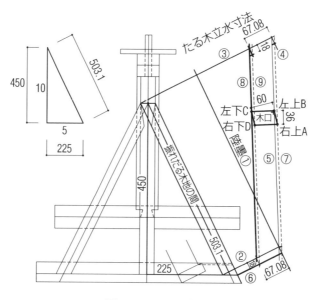

図3・85　展開図木口

だる木の勾配を求める必要がある。

　振れだる木の勾配は，まず振れだる木の地の間を求め，地の間に対する高さで求めることができる。地の間は振れが5寸勾配のため$\sqrt{450^2\text{mm}+225^2\text{mm}}$より約503.1mmとなり（図3・87ア），高さは225mmなので勾配は，高さ/地の間で225mm/503.1mmより，4.47/10となる。またこの課題は，屋根勾配と振れ勾配を

等しく設定してあるため，3・3・3で紹介した広小舞等と同じ原理により，勾殳玄法でいう中勾の勾配となる（図3・87イ）。

　振れだる木の勾配が4.47/10（中勾の勾配）であることがわかったので，それぞれの寸法を計算により求めることができる。まず，曲の量は，3・3・6隅木の解説と同様で，振れた部材の勾配の基本図に対する中勾

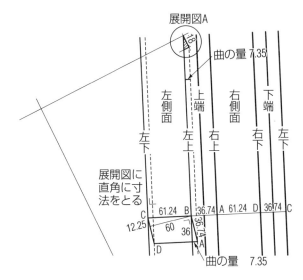

図3・86　振れだる木の展開

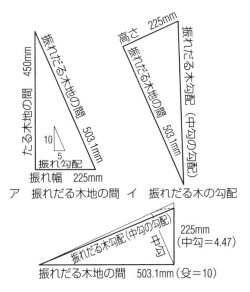

図3・87　振れだる木の勾配

の値となるため，この課題では，振れだる木勾配（中勾の勾配）の基本図における中勾の値になる。展開図Aの部分で陸墨に取った左右の側面差18mmを殳として，まず，屋根勾配の中勾を求めると，中勾＝勾×殳/玄で9mm×18mm /20.12mmより8.05mmとなる。次ぎに，殳を18mm，立上がりを中勾の値8.05mmとした振れだる木の勾配である中勾勾配の中勾を求めると，屋根勾配の中勾×殳/玄で8.05mm×18mm /19.72mmより7.35mmと求まり，7.35mmが曲の量となる（図3・88イ）。

上下面の開き幅AB，CDは，振だる木幅36mmを底辺とし，曲の量を高さとした斜辺の長さなので，$\sqrt{36^2mm + 7.35^2mm}$より36.74mmとなる（図3・88ウ）。側面の開き幅は，上端ABに直角の60mmを底辺とし，上端と同じ勾配で高さを12.25mmを求めた三角形の斜辺で，61.24mmとなる（図3・88エ）。

なお，展開をする際，上下面には材の中心墨も引いておく。

(e)　各部の墨を表す

始めに，桁の心を展開図に描く。平面図における桁の心は，左上Bと左下C，右上Aと右下Dが立水上で同一点のため2点となる。この点から，まず，陸墨に直角の線を立ち上げる。立ち上げる長さは，木口のそれぞれの位置を通る線までとし，平面図振れだる木の右上Aは，木口の右上Aを通る線上のEまで立ち上げる，左上Bは木口の左上線上のFまで，左下CはGまで，右下DはHまでとする。次に，展開した各辺まで展開図に直角に移動させる。右上Aを立ち上げたEは，右上線A上に展開図に直角にIまで移動させる。左上のFは，左上線Bと同一線上なので移動しない。左下Cを立ち上げたGは，そのままの点と左下線C′上のJまで移動させる。右下Dを立ち上げたHは，右下線D上のKまで移動させる。それぞれ移動させた点を結んだ線GFIKJが，実際に墨をする桁の心墨を表す（図3・89）。

桁心と同様の手順で，今度は軒先の切り墨

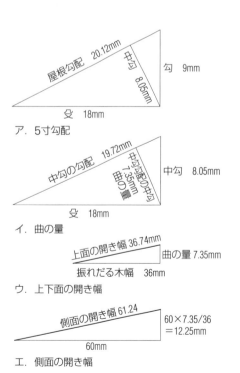

ア．5寸勾配

イ．曲の量

ウ．上下面の開き幅

エ．側面の開き幅

図3・88　曲の量・開き幅の求め方

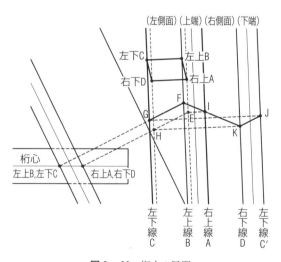

図3・89　桁心の展開

を描く。桁心との相違点は，切り墨が立水ではなく屋根に直角のため，たる木の下端の位置が異なり，引出線が4本になるところである。先ほどと同様に，平面図のそれぞれの位置ＡＢＣＤから，展開図の木口の各位置を通るそれぞれの線上の位置ＬＭＮＯまで，陸墨に直角に引出線を引く。次に，移動が必要な点ＬＮＯから展開した各辺まで，展開図に直角にＰＱＲに移動させる。最後に，それぞれ移動した点ＮＭＰＲＱを結んで墨を表す（図

3・90）。

　上部のたる木との取合い部も，同様にして描く。平面図の振れだる木左側面と，平たる木右側面の交点アおよびかたぎ大入れの深さの交点イからと，振れだる木右側面と平たる木右側面との交点ウから，陸墨に直角に引出線を各位置ＳＴＵＶＷまで立ち上げる。振れだる木右側面と平たる木右側面の交点アは，引出す位置に注意が必要となる。次に，移動が必要なＳＶＷから，展開した各辺まで展開

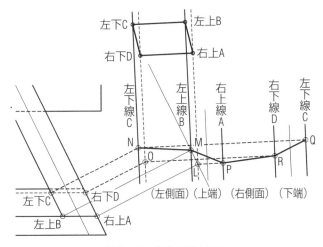

図3・90　軒先切墨の展開

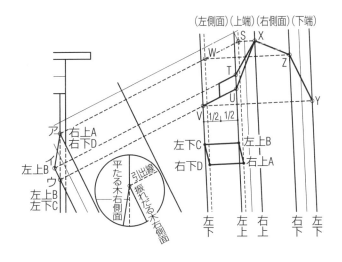

図3・91　たる木取合い部の展開

図に直角にＸＹＺまで移動させ，最後に，そ
れぞれ移動した点ＶＵＸＺＹを結んで墨を表
し，かたぎ大入れの部分ＴＸと側面の深さを
成寸法の1/2として墨をする（図3・91）。

(3)　**基本図を描く**（図3・92）

基本図は，空いている場所に描く。殳を100
として，5寸勾配で描く。課題では，勾・殳・
玄のほか，長玄・短玄・中勾・小殳・小中勾を
描くことが要求されているので，漏らさず記入
する。振れだる木展開を図3・93に示す。

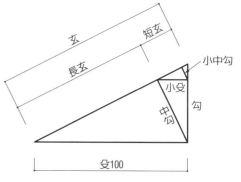

図3・92　基本図

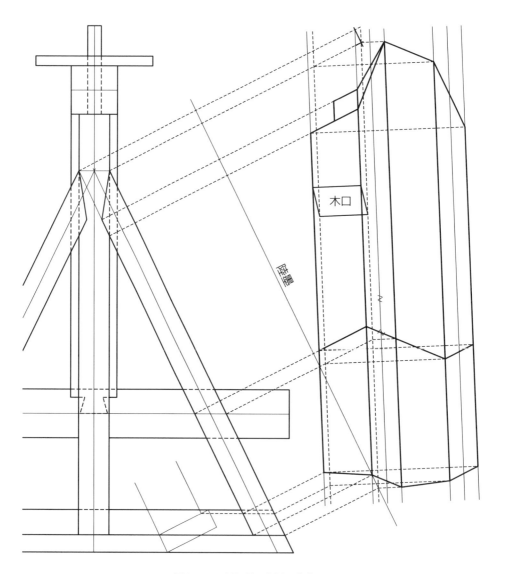

図3・93　振れだる木展開完成図

(4)　**参考図**

旧2級技能検定の展開図の参考図を図3・94〜図3・99に示す。

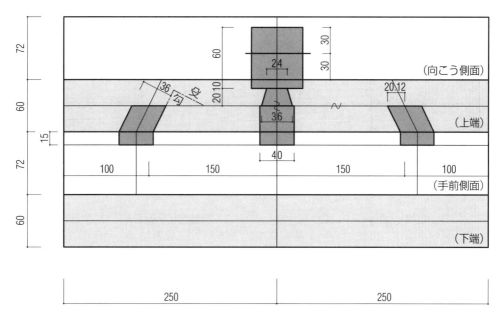

図3・94　桁展開図

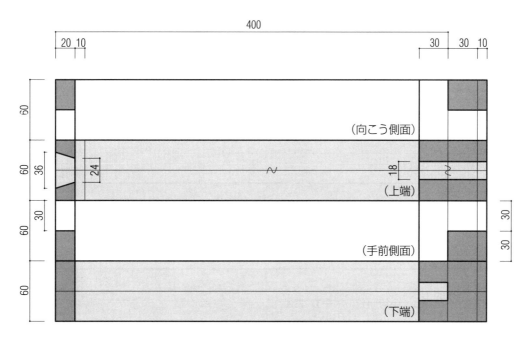

図3・95　梁展開図

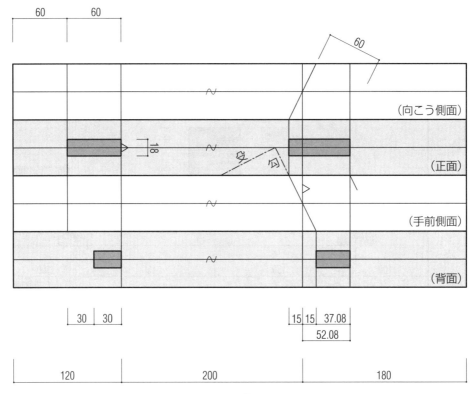

図 3 ・ 96　柱展開図

鼻隠

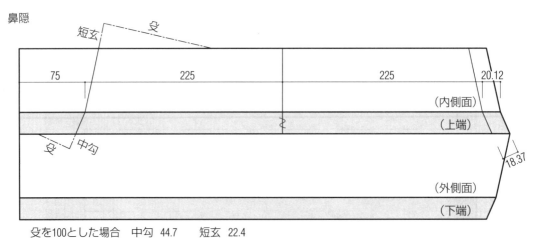

殳を100とした場合　中勾 44.7　　短玄 22.4

図 3 ・ 97　鼻隠展開図

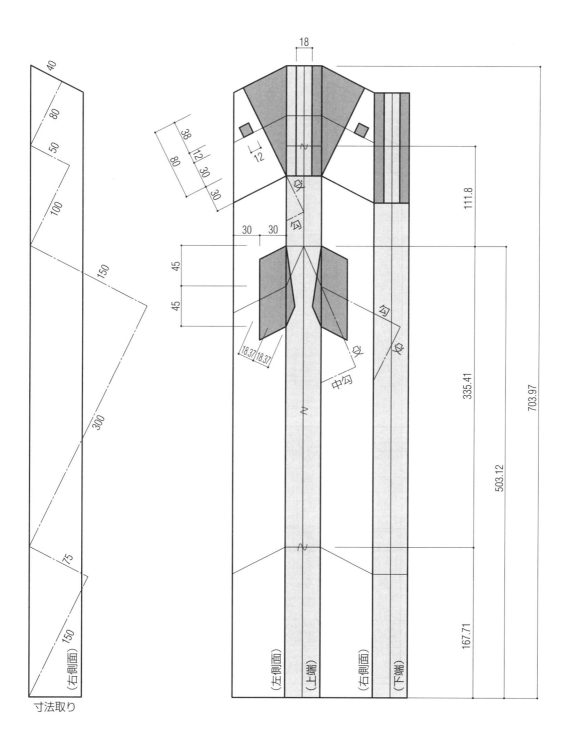

図3・98　たる木展開図

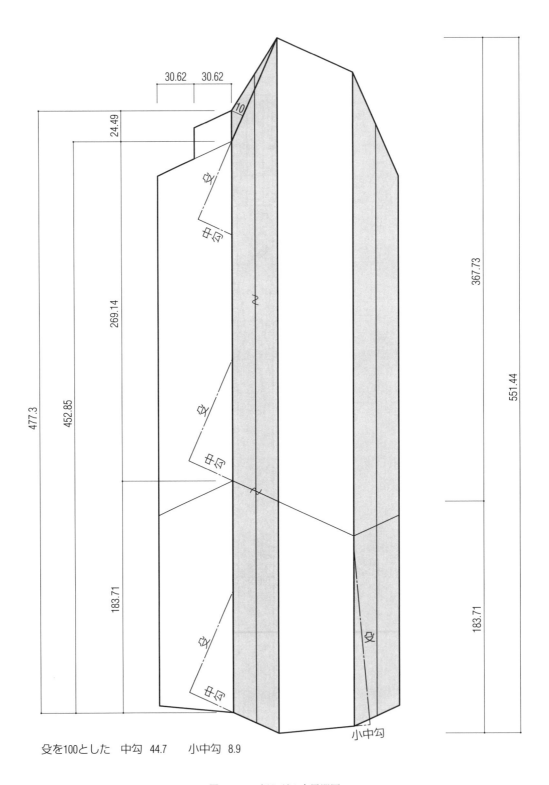

殳を100とした　中勾　44.7　小中勾　8.9

図3・99　振れだる木展開図

３・４・３　振れだる木展開図２

　平成10～21年度の１級技能検定課題は，６寸勾配の屋根に棒隅木と振れだる木（３寸勾配の振れ）を納めた小屋組の一部である。ここでは，１級技能検定において要求される現寸図（図３・101）である振れだる木の展開図の他，隅木の展開図について説明をする。

　なお，本文中のアミ掛け部分を見ると，図を描く手順を追うことができる。

(1)　平面図を描く

　始めに平面図を描く。課題では，平面図を描く位置は，模造紙788mm×1091mmを横長に使用して，平面図の縦の桁心を用紙の左端より300mm，横の桁心を用紙の下部から300mmで描くよう定められている（図３・102）。平面図は展開図の基となるため，直定規と三角定規をうまく使用し，寸法および直角度を正確に描く必要がある。

　(a)　各部材の寸法

①柱	400mm×72mm×72mm
②棟桁	300mm×72mm×86mm
③桁 a	450mm×72mm×86mm
④桁 b	650mm×72mm×86mm
⑤梁	450mm×72mm×86mm
⑥隅木	1100mm×65mm×90mm
⑦振れだる木	500mm×35mm×現寸図による
⑧たる木	600mm×35mm×45mm
⑨鼻隠	500mm×24mm×60mm
⑩飼木（ねこ）	500mm×72mm×72mm

　(b)　鼻隠の平面図は，見た目の幅が不明のため直接は描けないので，たる木と鼻隠を側面から見た図（図３・103　側面図A）を描き，鼻隠の見た目の幅及びたる木の下端線を求める。まず，屋根勾配である６寸勾配を平面図の垂直方向に掛けて引いて，たる木を側面から見た勾配を引く。次に，鼻隠の断面寸法24mm×60mmと，たる木の成寸法45mmを描く。その各位置を通る線が，平面上（見た目）の材端の位置となる。

　寸法を求めて描く場合は，上端の見

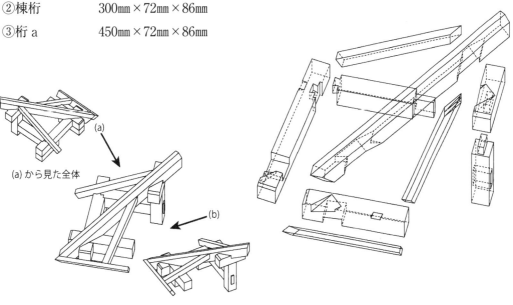

(a) から見た全体

(b) から見た全体

図３・100　旧１級技能検定課題

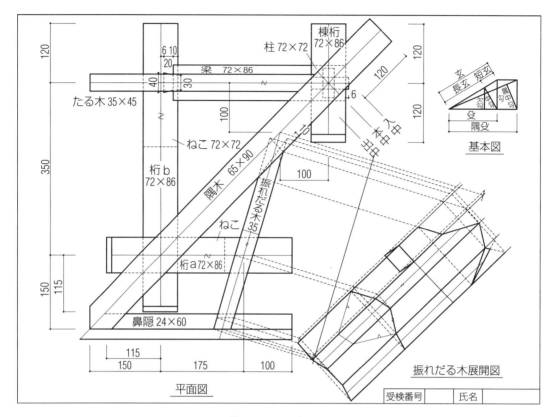

図3・101　要求図面

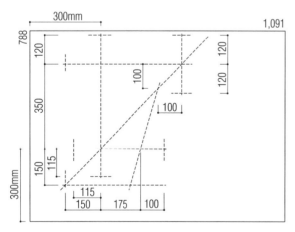

図3・102　平面図の位置

た目幅は上端を殳とした時の長玄にあたり，長玄＝殳²/玄で求まるため，24^2mm$/\sqrt{24^2\text{mm}+14.4^2\text{mm}}$で約20.6mmとなる。側面の見た目幅は成寸法を殳とした場合の中勾

にあたり，中勾＝勾×殳/玄で求まるため，$36\text{mm}\times60\text{mm}/\sqrt{36^2\text{mm}+60^2\text{mm}}$で約30.9mmと求める。たる木下端の墨も同様に，たる木の成寸法を殳とした場合の中勾の値が軒先からの見た目のたる木下面の位置となるため，27mm×45mm/約52.48mmで約23.2mmとなる（図3・103）。

ウ．平面図から展開をする際に部材の中間部の線は求めることが困難となる。例えば振れだる木のほぞがそうであるが，そのような場合は線を延長して振れだる木の左右の縁どちらかに接していることが必要なため，ほぞの線を引き延ばし交点ウ，エを作っておく（図3・103　詳細図B）。

(2) 振れだる木展開図を描く

(a) 陸墨を引く

課題では，振れだる木展開図を，平面図に重ならないように描くことが要求されている。平面図に重ならないようにするには，右側に振れだる木に平行な線である陸墨①を引き，それを基準に展開する。陸墨は，振れだる木心より平行に200mm内外に離すのが適当である（図3・104）。

(b) 陸墨に対する振れだる木の勾配を引く

振れだる木左側面の軒先aから，振れだる木に直交する線②を陸墨①まで引く（図3・105）。この交点bが，振れだる木展開図を描く基準となる。次に，振れだる木左側面と軒先から水平距離400mm（梁心から100mm）の振れだる木の取り付け位置との交点cから，振れだる木に直交する線③を引く。引出し長さは，陸墨①から240mm以上（立上がり）延ばした位置まで引く。次に，立上がり寸法を求める。平だる木も振れだる木も高さは等しいことから平面図の水平距離×屋根勾配で立上がりが求まる。

400mm×6/10＝240mm

その寸法を陸墨①上の交点dから引出線③上に取り，交点eとして陸墨と平行に線④を引く。陸墨①と引出線②の交点bと，引出線③と線④の交点eを結んだ線⑤が，陸墨①に対する振れだる木の勾配を表す。また，実長（実際の長さ）を表す（図3・106）。

(c) 曲を出し木口を描く

この課題も2級と同じく振れだる木に曲を取って納めている。曲はこの場合，振れだる木が隅木の取付け位置から3/10で左に振れているので，振れた方の左上面角が鋭角になる平行四辺形に変化する。

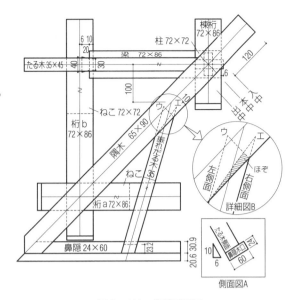

図3・103　鼻隠平面図

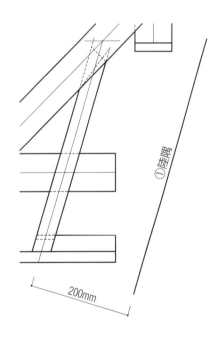

図3・104　陸墨

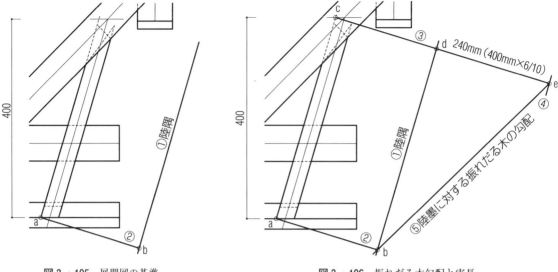

図3・105　展開図の基準　　　　　図3・106　振れだる木勾配と実長

　図3・107に示すように，屋根面を平らに納めるには，たる木と振れだる木の立水寸法52.47㎜や，側面から見た成寸法45㎜が等しくなくてはならない。立水寸法が等しいということは，桁心で切断した断面の成寸法は等しくなるが，実際のたる木と振れだる木の断面は異なる。断面は，材料に対して直角に切断した面であるから，たる木は，屋根勾配に直角に切断した35㎜×45㎜が断面であるが，振れだる木はA点から材の端部に直角に切断したB点とAB点から，振れだる木勾配に直角に切断したCD点となり，ABCDが振れだる木の断面，木口となる（図3・105）。

　平面図において，B点の位置は振れだる木の幅が35㎜，振れが3寸のため，側面で桁心A′から陸（平面上）に10.5㎜振れだる木の勾配で下がった位置となる。側面図に置き換えると，任意に垂線①を引き，左上端線②との交点B′から陸墨③を引き，B′から10.5㎜取った交点がA′となり，A′から垂線を上げ左上端線②との交点がA，また，A′を通る

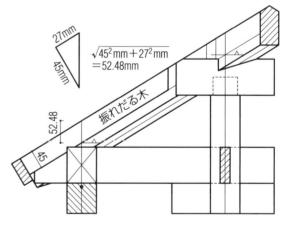

図3・107　振れだる木側面図

振れだる木の勾配である右上端線②と平行な
線である右上端線④を引いて，垂線①との交
点がBとなる。要するにA′から陸に10.5mm
振れだる木勾配で下がった点がB点となる

（図3・109）。

　曲は，左上端線②から右上端線④までの量
となり，10.5mmを殳とした振れだる木勾配の
基本図における中勾の値となる。

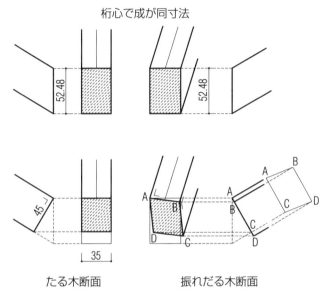

図3・108　たる木・振れだる木断面

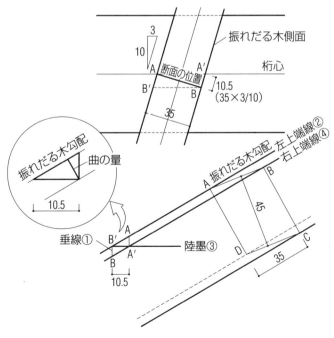

図3・109　振れだる木の曲

展開図では，線⑤が左上端線であるから，線⑤から陸墨①，④上に10.5mm測ったそれぞれの交点を結んだ線⑦が，右上端線となり，曲の量は線⑤と線⑦の間隔となる。また，線⑦は，平面図の振れだる木右側面の軒先ｆから，振だる木に直交する線⑥を引いて陸墨①との交点を作り，この交点を通る線⑤に平行な線を引いても，引出線の間隔が10.5mmとなるため，同様になる。線⑦は，曲を求めるために引く線であり，実際の展開する線とは異なるので，薄く引くとわかりやすい。なお，本紙では破線で示している（図3・110）。

次に，木口を描く。振れだる木の幅は35mm，曲を取った上端から下端の寸法は，平だる木の成と等しくなるため45mmとなる。このわかっている寸法を用いて，木口を描く。まず，振れだる木の展開に直交する線を引き，35mm測って幅墨を引く。次に，木口の左の角Ａが鋭角になるように上端を結び，上端に平行に45mm測って下端を引き，木口を描く。木口を描くと左側面幅ＡＤが描けるので，左下Ｄを

通る線⑤の平行線⑧を引き，左側面の展開ができる。また，展開作図法に必要なため，右下Ｃを通る線⑨も線⑦同様に薄く引いておく必要がある。木口を描き，不明である展開の開き幅を求めて展開するというのが基本であるが，正確性を求め，たる木の立水寸法を計算し，平面図からの引出線②，③（立水）上に，線⑤からたる木立水寸法52.48mmを取り，交点ｈｉを結んで左下端線⑧を引き，引出線②，③と線⑧の交点に陸墨を引き，10.5mm測った交点ｊｋを通る⑧の平行線，右下端線⑨を引いた後，幅35mmで木口幅を描き，曲を結んで木口を描く場合もある（図3・111）。

(d)　展開する

木口が描けたことで，展開の上端の幅Ａ～Ｂ，下端の幅Ｃ～Ｄ，左側面の幅Ａ～Ｄ，右側面の幅Ｂ～Ｃが求まったので，この幅を実際に測って展開するか，コンパス等を用いて展開する（図3・112）。また，計算により正確な開き寸法を求めて展開してもよい。寸法を求めるには，まず振れだる木の勾配を求め

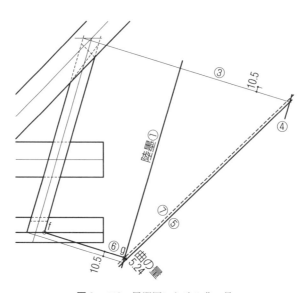

図3・110　展開図における曲の量

る必要がある。

　振れだる木の勾配は，振れだる木の地の間を求め，地の間に対する高さで求めることができる。地の間は振れが3寸勾配のため，$\sqrt{400^2\text{mm}+120^2\text{mm}}$ で約417.6mmとなり（図3・113ア），高さは，たる木の地の間が400mm，屋根勾配が6/10なので240mmとなる。振れだる木の勾配は，高さ/地の間で求めるため，

240mm/417.6mm より，約5.75/10となる（図3・113イ，ウ）。

　振れだる木の勾配が5.75/10であることがわかったので，それぞれの寸法を計算により求めることができる。まず，曲の量は，振れだる木勾配の基本図における中勾の値と等しくなるため，展開図に表われる振れだる木側面の引出し線の間隔10.5mmを乄とした場合，

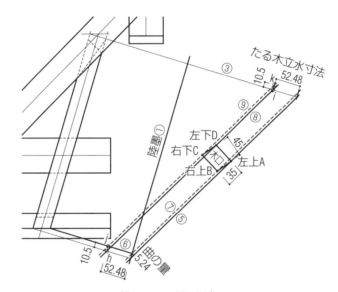

図3・111　展開図木口

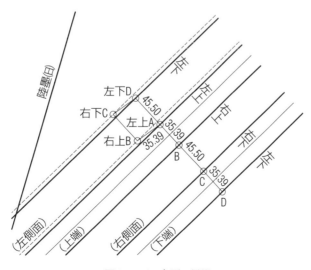

図3・112　各面の展開

勾（立上がり）は6.03mm，玄は12.1mmとなり，その振れだる木勾配基本図の中勾の値を求める。中勾は勾×殳/玄で求まるので，6.03mm×10.5mm/12.11mmで5.23mmとなり，約5.23mmが曲の量となる（図3・113エ）。

　上下面の開き幅ＡＢ，ＣＤは，振れだる木幅35mmを底辺とし，曲の量を高さとした場合の斜辺の長さなので，$\sqrt{35^2\text{mm}+5.23^2\text{mm}}$より35.4mmとなる（図3・113オ）。側面の開き幅は，上端ＡＢに直角の45mmを底辺とし，上端と同じ勾配で高さを6.73mmを求めた三角形の斜辺で，45.5mmとなる（図3・113カ）。

　なお，展開をする際，上下面には材の中心墨も引いておく（図3・112）。

（e）　各部の墨を表す

　始めに，桁の心を展開図に描く。平面図における桁の心は，左上Ａと左下Ｄ，右上Ｂと右下Ｃが立水上で同一点のため2点となる。この点から，まず，陸墨に直角の線を立ち上げる。立ち上げる長さは，木口のそれぞれの位置を通る線までとし，平面図振れだる木の左上Ａは，木口の左上Ａを通る線上のＥまで立ち上げる。右上Ｂは木口の右上線上のＦまで，右下ＣはＧまで，左下ＤはＨまでとする。次に，展開した各辺まで展開図に直角に移動させる。左上のＥは，左上線Ａと同一線上なので移動しない。右上Ｂを立ち上げたＦは，右上線Ｂ上に展開図に直角にＩまで移動させる。右下Ｃを立ち上げたＧは，右下線Ｃ

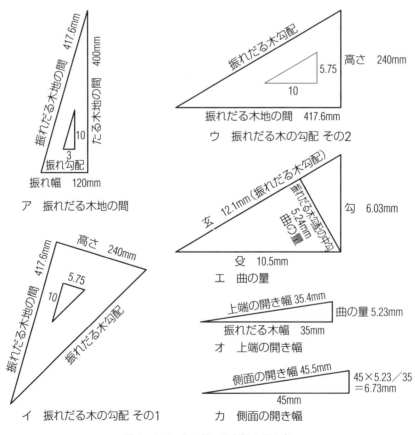

図3・113　曲の量・開き幅の求め方

上のJまで移動させる。左下Dを立ち上げた
Hは，そのままの点と左下線D´上のKまで移
動させる。それぞれ移動させた点を結んだ線
HEIJKが，実際に墨をする桁の心墨を表
す（図3・114）。

　桁心と同様の手順で，今度は軒先の切り墨
を描く。桁心との相違点は，切り墨が立水で
はなく屋根に直角のため，たる木の下端の位
置が異なり，引出線が4本になるところであ
る。先ほどと同様に，平面図のそれぞれの位

置ABCDから，展開図の木口の各位置を通
るそれぞれの線上の位置LMNOまで，陸墨
に直角に引出線を引く。次に，移動が必要な
点MNOから展開した各辺まで，展開図に直
角にPQRに移動させる。最後に，それぞれ
移動した点OLPQRを結んで墨を表す（図
3・115）。

　上部の隅木との取合い部も，同様にして描
く。平面図の振れだる木左右側面と，隅木右
側面の交点ア，イおよびかたぎ大入れのほぞ

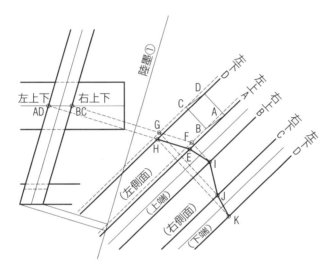

図3・114　桁心の展開

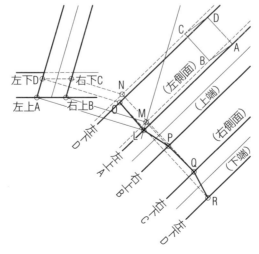

図3・115　軒先切墨の展開

の切墨を延長した左右側面との交点ウとエから陸墨に直角に引出線を，それぞれ各位置ＳＴＵＶＷＸまで立ち上げる。次に，移動が必要なＳＵＶＷＸから，展開した各辺まで展開図に直角にＹ ＺＡＡ ＡＢ ＡＣまで移動させ，最後に，それぞれ移動した点ＳＴＡＡＺＹを結んで墨を表す。かたぎ大入れの部分はＹ ＡＣとＺ ＡＢを結んで墨を表わし，側面の深さを成寸法の1/2として墨をする（図3・117）。

以上で振れだる木展開図は完成となる（図3・116）。

実際に展開図から振れだる木に墨をするには，まず，部材を幅35mm，成を展開図の側面寸法とした矩形に削り，木口の曲を自由矩で写すか，曲の量をさしがねで測り，けびきを掛けて削り取り，木口の断面寸法に部材を作る。部材ができたら展開図にあて，軒先，桁心，隅木の取合いの位置（長さ）を写し取り，桁心や切り墨など各部の勾配を斜角定規等で写して部材に墨を付けることができる。また，CADを用いて正確な寸法と勾配を求めると，精度よく仕上げることができる。

(3)　**基本図を描く**（図3・118）

基本図は，空いている場所に描く。殳を100とした6寸勾配の平勾配基本図と，隅殳を裏目100とした隅勾配基本図を重ねた図を描く。課題では，勾，殳，玄のほか，長玄，短玄，中勾，欠勾，隅殳，隅中勾を描くことが要求されているので，漏らさず記入する。

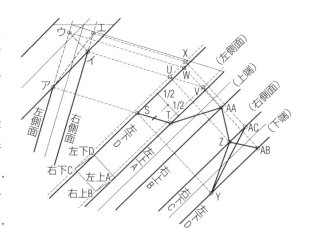

図3・116　配付け部の展開

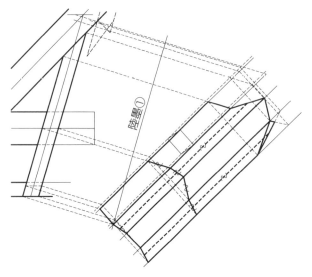

図3・117　振れだる木展開全体図

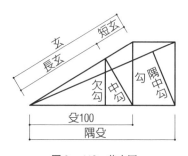

図3・118　基本図

3・4・4　隅木展開図

(1)　隅木展開図を描く

平成10〜21年度の1級技能検定では，隅木の展開図は要求されていないが，ここではその課題を使って隅木展開図の描き方を説明する。隅木の左側面を基準として木口を描き，平面図から左側面に描いた木口の各位置まで引出線を立ち上げる。次に展開したそれぞれの線まで，部材に直角に移動させ，線で結んで墨を表す手順である。

(a)　陸墨①を引く

平面図に重ならないように隅木心より平行に380㎜内外に離すのが適当である（図3・117）。

(b)　陸墨に対する隅木の勾配を引く

隅木の軒先の峰Aより陸墨に直角に線②を引き，陸墨と交わった点Bと棟桁心と峰の交点Cから陸墨に，直角に線③を引き，陸墨との交点Dから300㎜（500㎜×6/10）上がった交点Eを結ぶ線④が，陸墨に対する隅木の勾配（隅勾配）となる（図3・119）。また，引出線②と，陸墨の交点から隅勾配をさしがねで掛けて引いてもよい。

(c)　隅木山勾配

隅木の山勾配は，桁心において水平のため木口では峰の位置は変わらず，外角は桁心の位置から水平に32.5㎜（隅木半幅）の位置まで隅勾配で下がった位置となる。木口では隅木半幅に対する削る量が山勾配となる（図3・120）。展開図では，まず，線④に平行に下端幅65㎜（中心墨を含む），側面成⑤90㎜を展開する。平面図の軒先の外角より線⑥を引き，線⑤と線②の交点Bを通る陸墨と平行の線⑦を引いた線との交点Fを通る線⑤に平行な線⑧（外角線）を引く。この線⑤から線⑧が削る量となる。側面に隅木幅65㎜を引き，

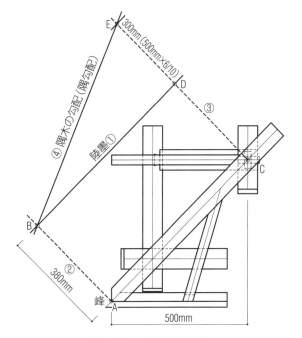

図3・119　陸墨と隅勾配

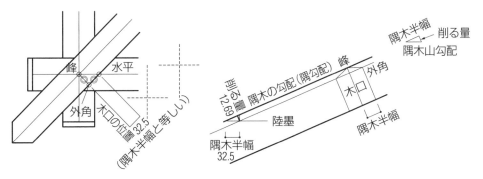

図3・120　隅木山勾配

線⑤を峰，線⑧を外角として隅木の木口を描くと，隅木の山勾配表すことができる（図3・118）。

(d)　上端，側面を展開する

　木口を描くことで不明だった上端の開き幅◎と側面の開き幅○が求まるので外角線⑧から上端半幅，幅と側面を展開をすることができる（図3・121）。

(e)　各部の墨をする

　ア．桁の心墨を描く

　平面図における隅木の右側面に接する桁の心Ｇ，Ｈを線⑧まで，桁①，②の心の交点Ｉを線⑤との交点Ｌまで陸墨に直角に立ち上げる。展開図の左側面は立上げ線がそのまま墨となり，真ん中を本中，軒先側を出中，棟桁側を入中と呼ぶ。上端は，線⑤Ｌまで立ち上げた本中を展開図に直角に峰まで移動させ，その点Ｍと外角の出中Ｊ，本中Ｎ，入中Ｋを結んで墨とする。引いた

墨を外角や下端の位置から部材に直角に移動させ，反対側の側面も墨をする。下端は桁①の心ＯＰと桁②の心ＱＲを結んで墨をする。入中の外角Ｋからたる木の立水寸法52.48mmを下がり，陸墨を引いて峠とする。峠を通る部材に平行な線，たる木下端墨⑨を引く。たる木下端墨から隅木下端までの寸法を品下と呼ぶ（図3・122）。

　イ．軒先の墨をする

　上端は，桁心の入中側と同様となる。側面は，投げ墨と呼ばれる墨となり，平面図で軒先のたる木下面の位置を隅木の側面に引き出し，その交点Ｓから陸墨に直角に引出線を立ち上げ，展開図左側面のたる木下端線の交点Ｔと外角Ｕを結んで墨をする。下端は線②と線⑤の交点Ｖに投げ墨と平行な線⑩を引き下端の角Ｗから部材に直角に下端の心Ｘまで移動させ投げ墨の下端と結び墨をする（図3・119）。

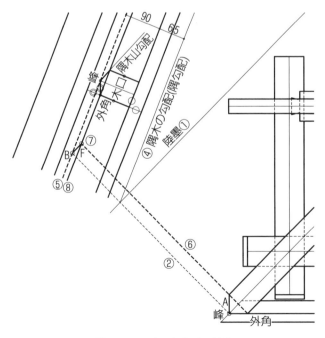

図3・121　木口と各面の展開

ウ．棟桁の心を描く

　棟心は桁心と同様に墨をする（図3・123）。

エ．振れだる木の取合い

　振れ配付けだる木の心墨とほぞ穴の墨を

描く。平面図の振れだる木の心の峰Aの位置から線⑤の交点Bまで，外角Cの位置から線⑧の交点Dまで，引出し線を立ち上げる。交点Bを材に直角に峰まで移動した点Eと線を結び，振れだる木心墨を引く。次

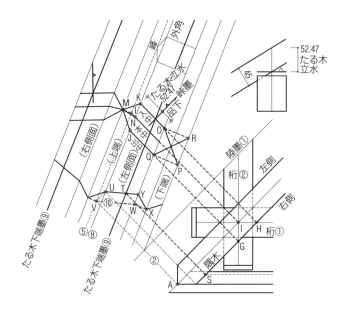

図3・122　桁心・軒先切墨の展開

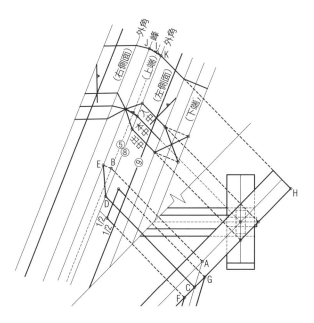

図3・123　棟桁心・上部切墨・ほぞ穴の展開

に，平面図の隅木側面の振れだる木の幅墨ＦＧを立ち上げて，展開図に幅墨を描き，ほぞの厚みは外角線⑧とたる木下端墨⑨の1/2とする（図3・123）。

オ．隅木上部の切墨を描く。

　上部の切墨は，平面上で部材に直角で側面は立水となる。平面図の切墨Ｈから引出し線を，線⑤の交点Ｉまで立ち上げて部材に直角に峰との交点Ｊまで移動させる。その点Ｊと線⑧と引出し線の交点Ｋを結び，上端の墨を引く。側面は，引出し線が墨となり，下端は部材に直角に墨をする（図3・123）。

（f）　隅木と桁の取合い

　この課題では，桁との取合い部をたる木下端で加工し，品下部分を欠取って納めている。

　始めに桁の幅墨を引出すが，最終的に側面の欠取る部分は，左右の桁幅から引出した最も外側の線となるので平面図ＡＢの位置のみを立上げて墨を引き，たる木下端墨と峰墨か

ら10mm下がった桁上端を引いて欠き取る範囲の墨をする。

　下端は平面図左右の桁外側面同士の交点Ｃと内側面同士の交点Ｄを左下面角ＧＨまで立ち上げ，材に直角に下端心に移動させ，交点ＩＪとして左下面角ＥＦと結んで墨をする。反対側側面はそれぞれの対応する位置を材に直角に移動させ，交点を求め結んで墨をする（図3・124）。

（g）　隅木と棟桁の取合い

　棟桁部分は平面図隅木右側面と棟桁の交点ＫＬをたる木下端墨⑨までと，左側面と棟桁の交点ＭＮを右側面下線のＱＲまで立ち上げる。右側面は棟桁幅，たる木下端墨⑨と棟桁峠から10mm下がった棟桁上端で囲まれた範囲が欠取り部分となり，下面はＱＲを反対側材端ＳＴまで直角に移動させ，ＯＰと結んで墨をする。左側側面はＳを直角に移動させ，たる木下端線⑨と棟桁上端で囲まれ範囲となる（図3・125）。

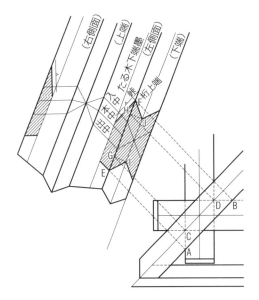

図3・124　隅木・桁取合い部の展開

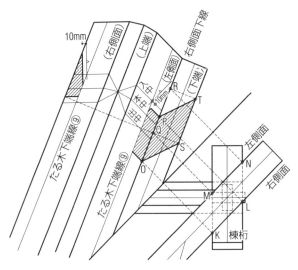

図3・125　隅木・棟木取合い部の展開

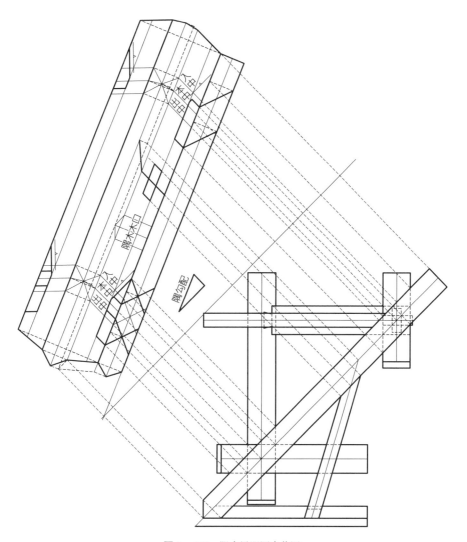

図 3・126 隅木展開図全体図

(2)　参考図

1級技能検定の展開図の参考図を図3・127〜図3・135に示す。

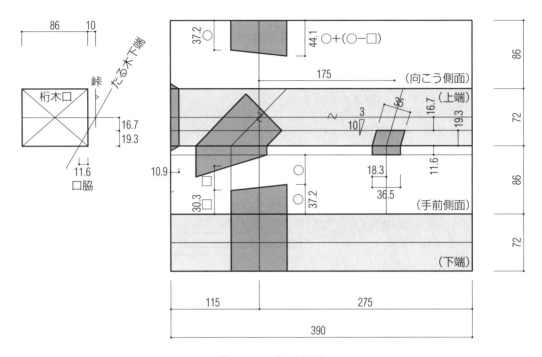

図3・127　桁a展開図

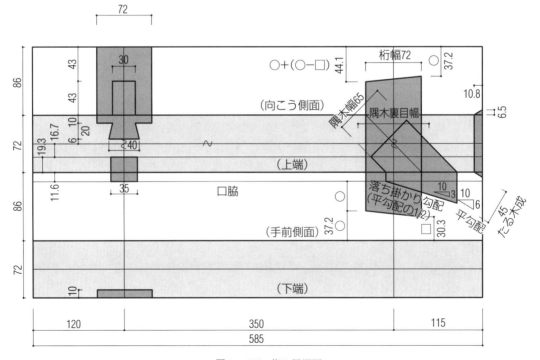

図3・128　桁b展開図

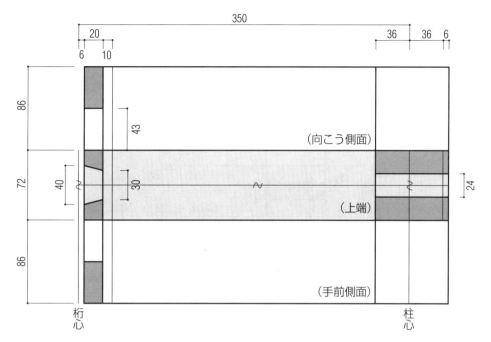

図 3・129 梁展開図

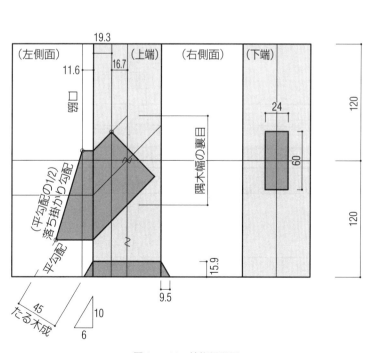

図 3・130 棟桁展開図

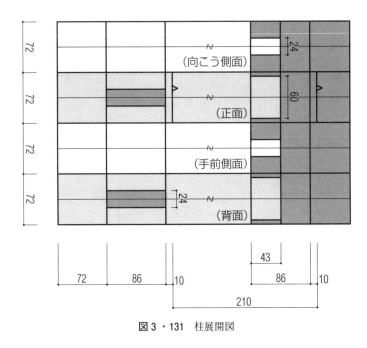

図3・131 柱展開図

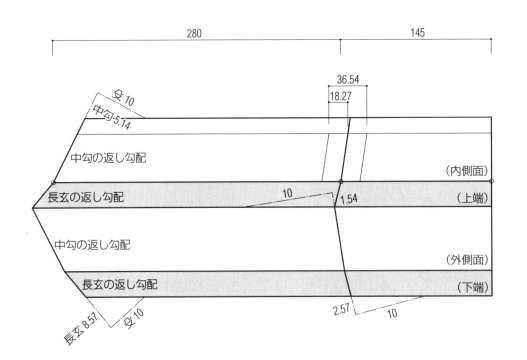

図3・132 鼻隠展開図

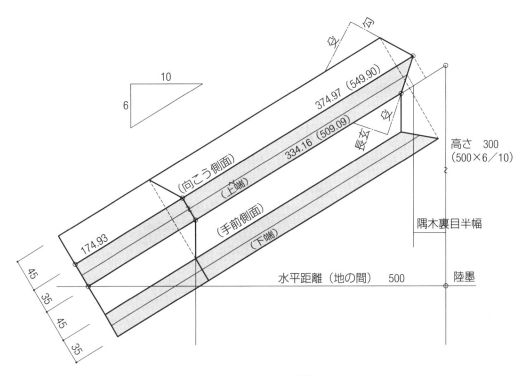

図 3・133 たる木展開図

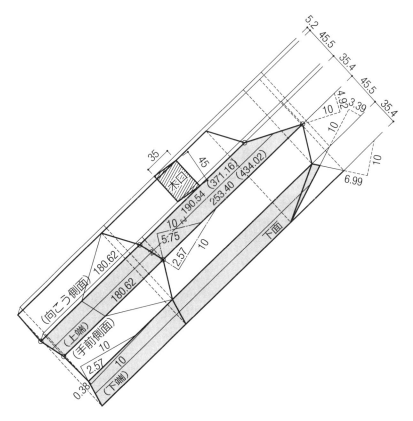

図 3・134 振れだる木展開図

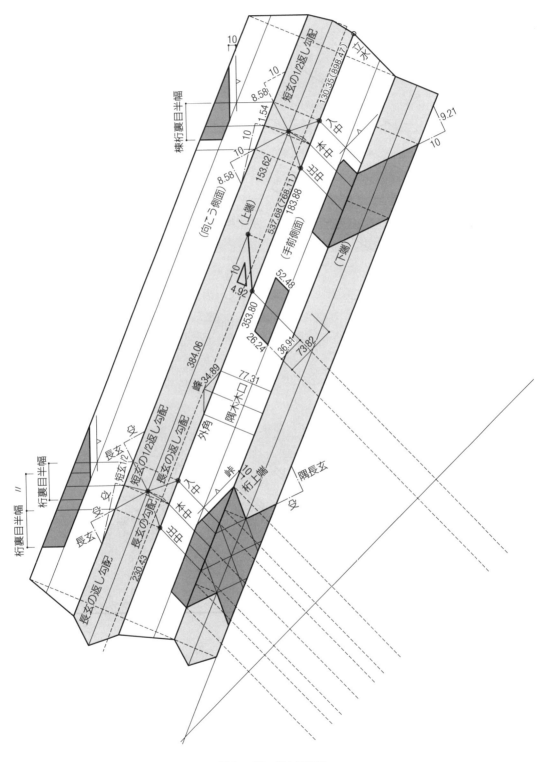

図3・135 隅木展開図

3・4・5　振れ隅木の展開図

　平成22～令和３年度の１級技能検定の課題は，平面寸法300㎜，400㎜の対角線に隅木を納めた振れ隅木小屋組で，平たる木側の勾配を６寸勾配と定め，それを基準として，配付たる木側を８寸勾配とした課題である（図３・137，138）。ここでは課題を用いて振れ隅木と配付けたる木展開図の描き方について説明をする。

⑴　平面図を描く

　始めに平面図を描く。技能検定において求められる平面図は，振れ隅木展開図を描くために必要な部分となり，すべてを描く必要はない。必要な部分は振れ隅木と，それと取り合う桁，配付たる木，柱部分となる。平面図を描く位置については，模造紙788㎜×1091㎜を横長に使用して，振れ隅木の心を用紙の下部から80㎜，柱心の交点を用紙の左端より100㎜で描くように定められている。なお，図中のたる木上端線，下端線，広小舞取り合い墨は，たる木側面図を描き求めるか，予め寸法と勾配を求めておき描く必要がある。平面図は展開図の基となるため，直定規と三角定規をうまく使用し，正確に描く（図３・139）。また，振れ隅木の軒先切墨は直接描けないため，この後，説明している振れ隅木の展開図を描いた後に，平面図に墨を戻して描く必要がある。

⒜　各部材の寸法

①柱　　　　　　650㎜×60㎜×60㎜
②梁（はり）　　550㎜×60㎜×60㎜
③桁　　　　　　600㎜×60㎜×70㎜
④〃　　　　　　700㎜×60㎜×70㎜
⑤振れ隅木　　　850㎜×50㎜×70㎜
⑥平たる木　　　750㎜×32㎜×40㎜
⑦配付たる木　　550㎜×32㎜×（約36.4㎜）

　※（　）の数値は作図により求める寸法

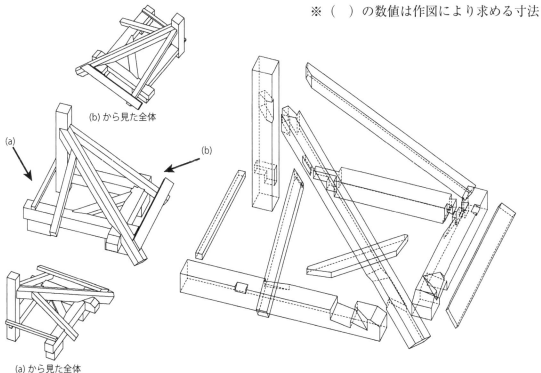

(b) から見た全体

(a)

(b)

(a) から見た全体

図３・136　現行の１級技能検定課題

⑧広小舞　　⑧600㎜×50㎜×20㎜　　　　⑩つなぎ　　⑩450㎜×20㎜×20㎜

⑨火打　　　⑨450㎜×50㎜×20㎜　　　　⑪飼木（ねこ）　⑪450㎜×60㎜×70㎜

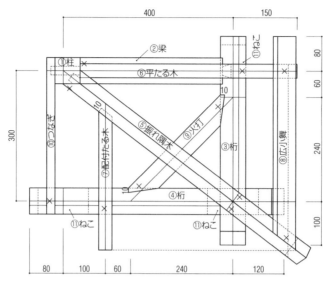

図3・137　全体平面図

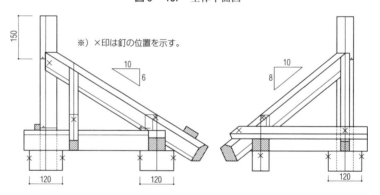

図3・138　正面図・側面図

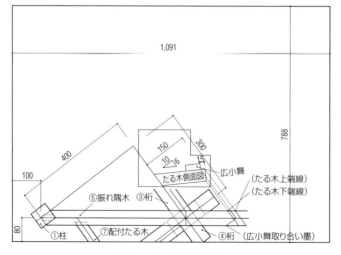

図3・139　課題平面図

(2) 振れ隅木展開図を描く

(a) 陸墨を引く

課題では，振れ隅木や配付たる木展開図を平面図に重ならないように描くことが要求されている。平面図に重ならないようにするには，振れ隅木の上方に振れ隅木に平行な線である陸墨①を引き，それを基準に展開をする。陸墨は，振れ隅木の心より240mm内外離すのが適当である。

(b) 陸墨に対する振れ隅木の勾配を引く

振れ隅木の桁本中aから，振れ隅木に直交する線②を引き，陸墨①との交点をcとする。次に，柱心の交点bから，振隅木に直交する線③を引き，陸墨①との交点をdとする。引出線③の長さは，陸墨から240mm以上（立ち上がり分）延ばした位置まで引いておくとよい。次に，立ち上がり寸法を求める。平たる木も振れ隅木も高さは等しいことから，平たる木の水平距離×屋根勾配で立ち上がりを求める。 400mm×6/10＝240mm

その寸法240mmを陸墨①上の交点dから引出線③上に取り，交点eとして陸墨線④を引く。陸墨①と引出線②の交点cと引出線③と線④の交点eを結んだ線⑤が，陸墨①に対する振れ隅木の勾配を表す（図3・140）。

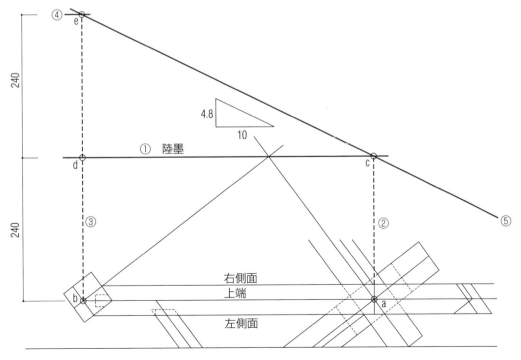

図3・140 陸墨・振れ隅木勾配

(c)　木口を描き展開する

　展開の手順としては，始めに振れ隅木を側面から見た図を描き，次に木口を描いてそれぞれの幅を求め，最後にその寸法を用いて展開するという手順である。

　始めに，線⑤から振れ隅木材の成寸法70㎜を取り，線⑤に平行に線⑥を引く。これは，振れ隅木を側面から見た場合の峰の位置となる。次に外角線の位置を求める。引出線②と線⑥との交点fを通る陸墨⑦を引き，平面図の入中（桁心）の左側外角gと右側外角hから引出線を立ち上げ，陸墨⑦との交点をⅰ，ｊとして，線⑥に平行な線⑧，⑨を引く。線

⑧が振れ隅木左面側の外角線となり，線⑨が右面側の外角線となる。最後に，取り合い部の妨げにならない位置に木口を描く。線⑤に直交する線を引き，振れ隅木半幅25㎜幅50㎜を引いてｆ´ⅰ´とｆ´ｊ´を結び木口を描く。

　描いた木口のそれぞれの面の幅を測り，その寸法を用いて線⑤を基点にして展開する。なお，展開をする際に下端には材の中心墨も引く。展開した各線を，それぞれ，⑥´，⑨´，⑩，⑪（下端中心線），⑤´とする（図3・141）。

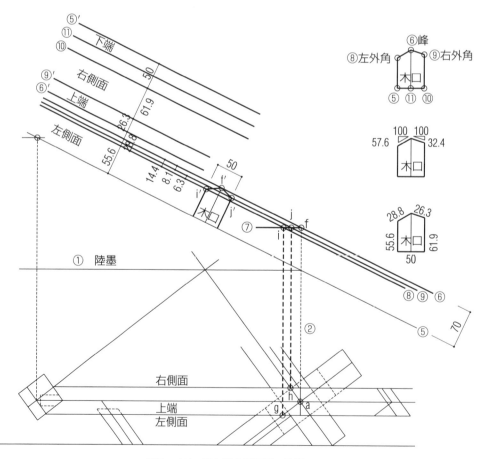

図3・141　振れ隅木側面図・展開

(d) 桁心を描く

手順としては，始めに，平面図の桁心位置から木口の対応する位置まで引出線を立ち上げ，次に，展開した各面に移動させて，最後に，それらを結んで墨を表す手順である。

始めに，平面図における左側面桁心 g，k を線⑧まで，本中である a を線⑥まで，右側面桁心 h，l を線⑨まで立ち上げる。

次に，今の引出線と線⑨との交点h′，a³′，l′を線⑨′まで材に直角に移動させ（以下，移動とは材に直角に移動すること），h″，a⁶，l″とする。同じく引出線と線⑥との交点a⁴を線⑥′に移動させa⁵とする。線⑤との交点g′，

k′を線⑤′まで移動させ，g³′，k³′とする。同じく線⑤との交点a′を線⑩，⑪まで移動させa⁷，a⁸とする。

最後に，それぞれを結んで桁心を表す。左側面は，g′g″，a′a″，k′k″を結んで墨とする。上端左側は，a⁵とg″，a″，k″を結び，上端右側は，a⁵とh″，a⁶，l″を結んで墨とする。右側面は，a⁶とa⁷を結び，その線と平行にh″，l″からも線を引いて墨とする。下端は，g³′からa⁸を通り線⑩まで線を引く，同様にk³′からa⁸を通り線を引いて墨とする（図3・142）。

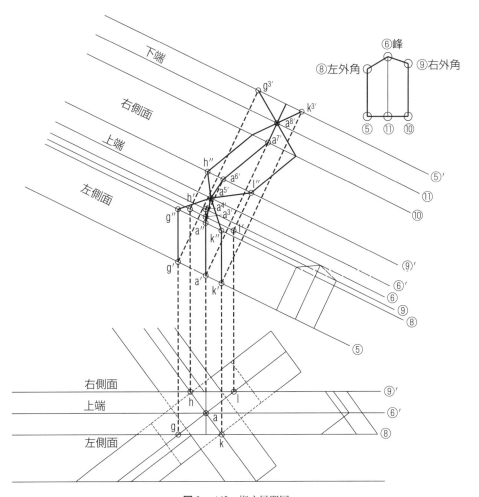

図3・142 桁心展開図

(e) 峠墨・たる木下端墨・桁取り合い墨を描く

峠墨は，桁心入中上に外角m，nから，たる木立水寸法を取り，陸墨を引いて墨とする。

たる木下端墨は，峠墨と入中の交点o，pを通る，材に平行な線を引いて墨とする。

桁との取り合い部は，始めに，峠墨から8mm下がり桁上端墨を引き，下端に直角に回して墨とする。この部分は，内側に桁に仕掛かる部分があるが，わずかなため陸に加工してよいとなっている。

次に軒先側は，平面図のq，rから引出線を立ち上げ，線⑤との交点q′を線⑤′まで移動させq³とする。同じくr′を線⑩まで移動させr″とする。

最後に，桁との取り合いで欠き取られる部分を表す。左側面の欠き取られる部分は，q′とq″を結んだ墨と下端，桁上端，たる木下端墨で囲まれた部分となる。同様に右側面は，r″から立水を引いて囲まれた部分となる。下端は，q³，r″からそれぞれ下端心に平行に墨を引いて囲まれた部分となる（図3・143）。

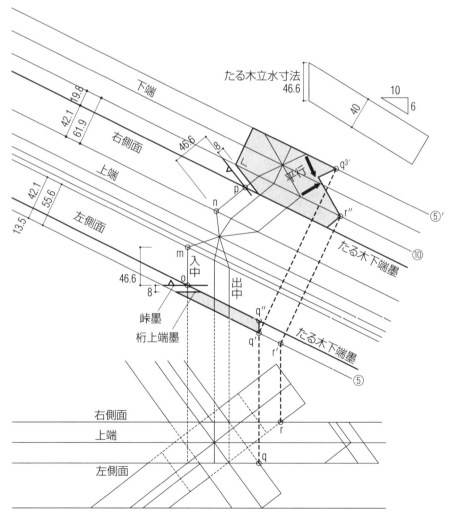

図3・143 峠墨・たる木下端墨・桁取り合い墨

（f）　軒先切り墨・広小舞取り合い墨を描く

　軒先の切り墨は，始めに投げ墨（側面の切り墨）を求める。平面図における，振れ隅木左側面とたる木上端線との交点 t を線⑧まで立ち上げ t′とし，同じく，たる木下端線との交点 s を左たる木下端線まで立ち上げ s′とする。t′と s′を通る線を引いたものが投げ墨となる。

　次に上端，下端の墨を求める。投げ墨と線⑨の交点 u を線⑨′まで移動し u′とする。同じく投げ墨と線⑥との交点 v を線⑥′まで移動し v′とする。左側面投げ墨と線⑤の交点 w を線⑩，⑤′まで移動し w′，w″とする。求めた点を結んで墨を表す（図3・144）。

　広小舞との取り合い墨は，始めに，平面図の x，y，z から引出線を立ち上げ，引出線と線⑧，線⑨，線⑥との交点を x′，y′，z′とする。次に，y′と z′を線⑨，線⑥′まで移動し，交点 y″，z″とする。最後にそれぞれを結んで墨を表す（図3・145）。

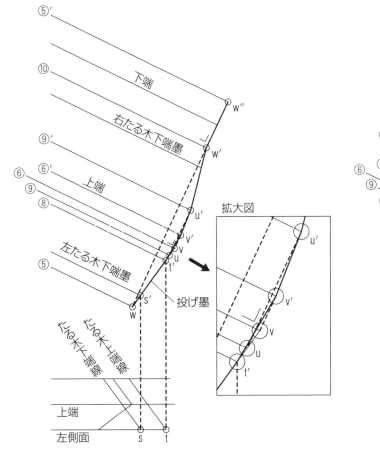

図3・144　軒先切り墨

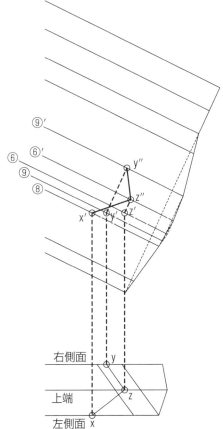

図3・145　広小舞取り合い墨

(g)　平面図の軒先部分を描く

　これで平面図の軒先部分を描くことができるため，先ほど求めたu，vの位置を平面図に直角にu″，v″と落とし軒先部分の墨を描く（図3・146）。

(h)　配付たる木・柱取り合い墨を描く

　配付たる木との取り合いは，平面図のA，Bから引出線を立ち上げ，線⑥，⑤，⑧との交点をA′，B′，B″とする。A′を線⑥に移動させ，A″とし，A″，B″，B′を結んで，配付けたる木の心墨を表す。ほぞの穴墨は，平面図のC，Dから引出線を立ち上げ，たる木下端墨と線⑧の1/2の高さ寸法，約23.3㎜で囲まれた部分となる。

　なお，ほぞ先の角度は，配付け部分を釘で止めない指示のため，ほぞ先の角度で穴から抜け出さない様にする任意の角度となっている。

　柱との取り合い部は，始めに，平面図のE，F，Gから引出線を立ち上げ，線⑤との交点をE′，F′，G′，線⑧との交点をE″，線⑨との交点をF″，線⑥との交点をG″とする。次に，E′を線⑤′に移動させE³，F′を線⑩に移動させF³，F″を線⑨′に移動させF⁴，G′を線⑪に移動させG³，G″を線⑥′に移動させG⁴とする。最後に，それぞれ求めた点E″，E″，G⁴，F⁴，F³，G³，E³を結んで墨を表す。

　ほぞの厚みは，下端は20㎜となるが，上端は延びがでるため左が約11.5㎜，右が約10.5㎜となる（図3・147）。また，ほぞの長さについては任意となっている。

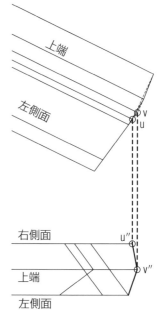

図3・146　平面図軒先切墨

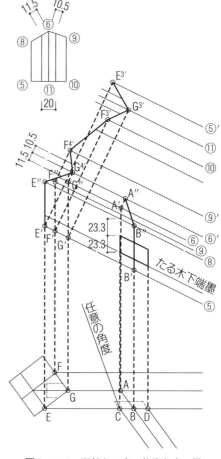

図3・147　配付たる木・柱取り合い墨

(3)　配付たる木展開図を描く

配付たる木は，上端と左側面の2面の展開図が求められている。

(a)　陸墨を引く

桁心から400mm内外離すのが適当である。

(b)　陸墨に対する配付けたる木の勾配を引く

平面図の交点Hから，引出線⑫を陸墨まで引き，交点をH′とする。交点H′を基準に配付たる木勾配の8寸勾配を引く。勾配は，さしがねで勾配を表し引いてもよいが，ここでは精度を高めるため，陸墨上に400mmを取り，立ち上げ線⑬を引いて，陸墨から320mmで交点Iを作りH′と結んで8寸勾配として，線⑭が配付けたる木の勾配となる（図3・148）。

(c)　展開する

先ほどの線⑭を配付たる木の左上線として上端，側面を展開する。上端は32mmで展開し，右上線⑮を引き，その中心に配付けたる木の心墨，線⑰を引く。側面は，線⑫，⑬上にそれぞれの交点H′，Iから，たる木立水寸法46.6mmを取って交点J，Kを作り，それを結んで左下線⑯を引く。左側面の幅を測ることで，配付けたる木の成寸法，約36.4mmが求まる（図3・149）。

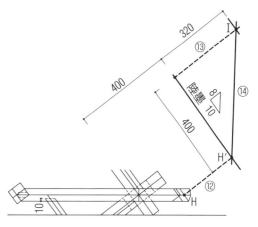

図3・148　配付たる木勾配墨

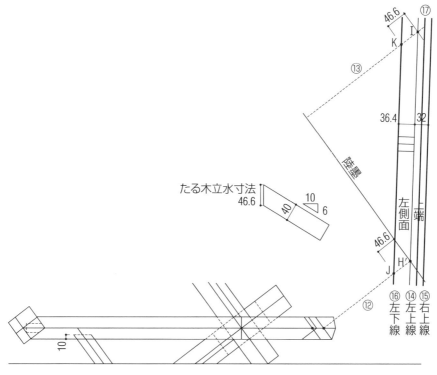

図3・149　配付たる木2面展開墨

⒟　桁心・軒先切り墨・振れ隅木取り合い部を描く

　桁心は，平面図Lから引出線をL′まで立ち上げ，側面はそれが墨となる。上端はL′から直角に引いた線が墨となる。

　軒先の側面切り墨は，平面図Mから引出線を立ち上げ，線⑯との交点をM′として，H′と結んで墨となる。上端は，H′から直角に引いた線が墨となる。また，広小舞の取り合い墨として，平面図Nから引出線を立ち上げ，

線⑭との交点をN′として直角に上端に墨を引く。

　振れ隅木との取り合い部は，始めに，平面図のO，P，Q，Rから引出線を立ち上げ，線⑭との交点O′，P′，Q′，R′を作る。次に，P′，R′から直角に，線⑮まで移動させてP″，R″を作る。最後に，上端の墨はQ′R″，O′P″を結んで墨とし，左側面はO，Qからの引出線が墨となり，立水寸法の1/2（約23.3㎜）がほぞの厚さとなる（図3・150）。

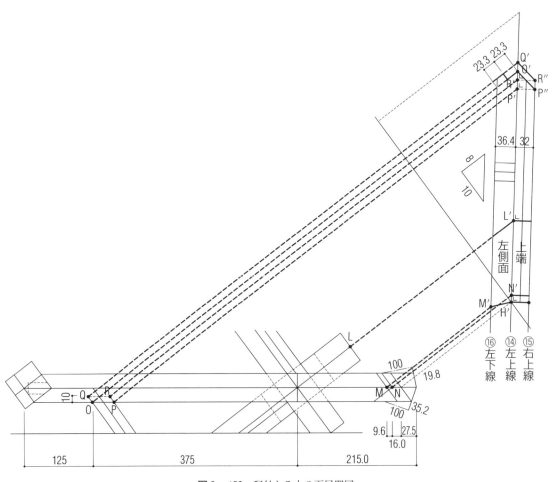

図3・150　配付たる木2面展開図

(4) 参考図

要求図面全体図とその他の展開図の参考図を示す。

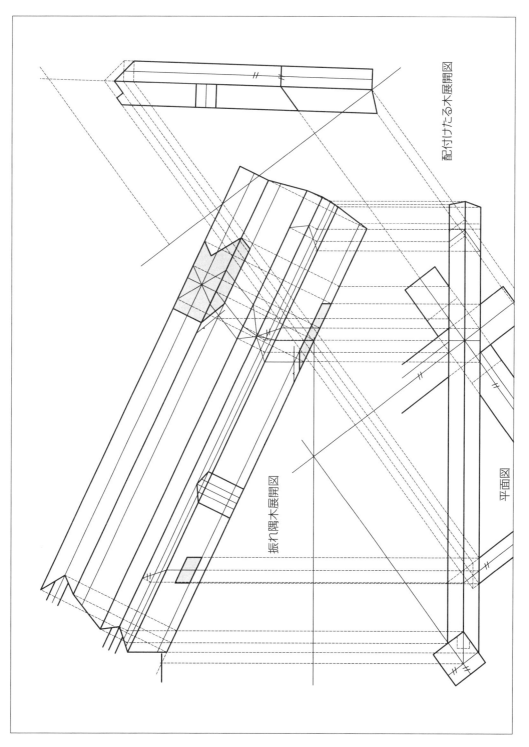

図3・151 要求図面全体図

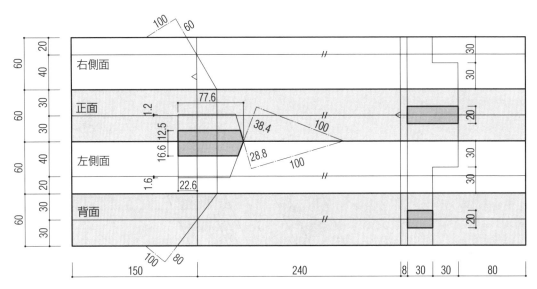

図3・152 柱展開図

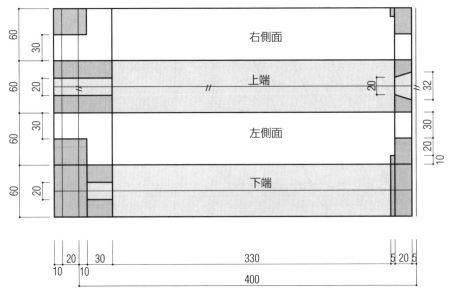

図3・153 梁展開図

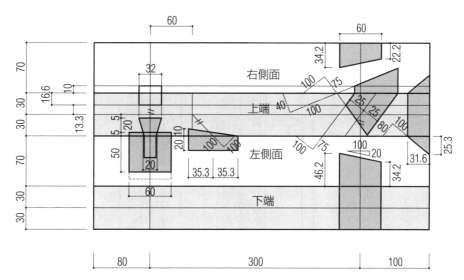

図3・154　桁③展開図

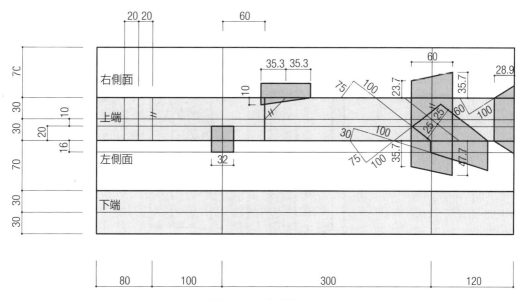

図3・155　桁④展開図

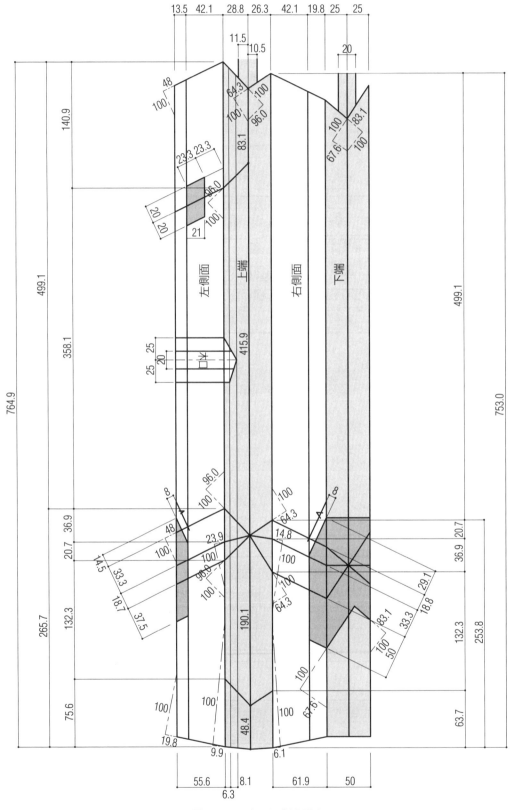

図 3・156 振れ隅木展開図

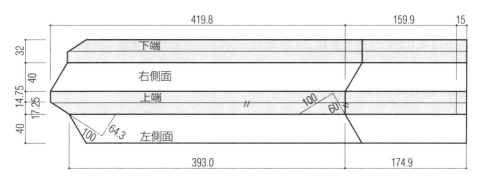

図 3・157　平たる木展開図

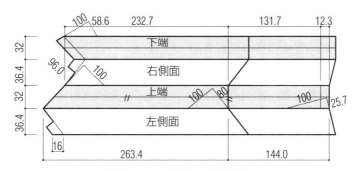

図 3・158　配付たる木展開図

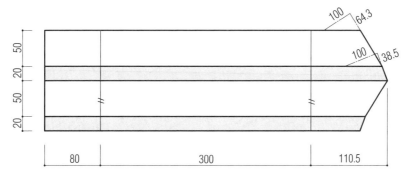

図 3・159　広小舞展開図

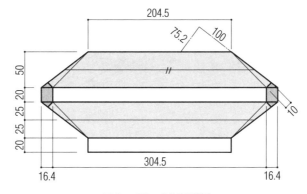

図 3・160　火打展開図

3・4・6 四方転び

　平成25～令和3年度の2級技能検定の課題は，3・4・2で解説した振れだる木小屋組から四方転びの踏み台となっている（図3・161）。四方転びとは，2方向に傾斜した勾配を持つ柱等の部材をさす。四方転びには，板材を組み合わせた漏斗（じょうご）形四方転びと柱の下部を外に広げた形の鐘楼，水屋，踏み台に用いられる柱建て四方転びがある。

　2級技能検定の課題では，正面の2本の柱は2方向に傾斜しているが，背面の柱は左右方向にのみ傾斜した半柱となっている。また，ぬきの納め方は正面と側面で異なる。側面ぬきは柱の傾斜に合わせてぬきを傾斜させて納めているのに対して，正面ぬきは水平に納めている。柱の勾配は3.5寸の平の返し勾配となっている。

　ここでは，2級技能検定において要求されている，基本図，天板平面図，正面図，側面図，右柱展開図（現寸図）の描き方について説明をする。

　現寸図等は配布された用紙（ケント紙788×1091）を横使いで使用し，課題に示された配置で各図および基本図を描く（図3・162）。

　各部材の仕上がり寸法（幅×成）は以下の通りである。

①天板	160㎜×30㎜
②柱	作図により求める寸法
③半柱	作図により求める寸法
④ぬき（正面）	60㎜×30㎜
⑤ぬき（左右）	30㎜×50㎜
⑥つなぎ	20㎜×20㎜

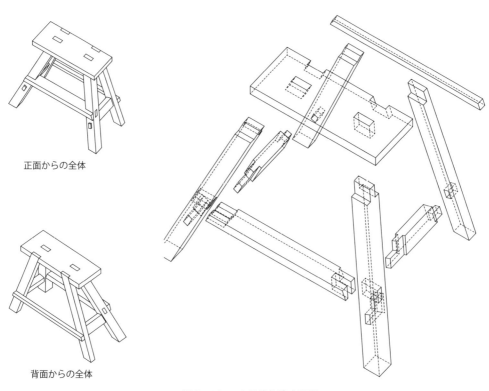

正面からの全体

背面からの全体

図3・161　2級技能検定課題

(1) 基本図を描く

　勾配（35/100）の基本図は，各図面と干渉しないように用紙の右下に配置し，指示通りに股（こ）を100mmとし，勾を35mmにとった基本直角三角形を最初に描く。その他，要求されている中勾，小殳（こ），小中勾の線を引き，各辺（勾，殳，玄，中勾，長玄，短玄，小勾，小中勾）の名称を記入する。

(2) 天板平面図を描く（図3・163）

　天板平面図および正面図は右半分を描くよう指示されているので，用紙の左端から60mm程度の位置に天板の中心線を引く。天板の寸法は160×400mmなので，中心線から右方向に200mm，下方向に160mmとり，用紙の上端から50mm程度の位置に天板の外形を描く。右半柱と右柱の縦の中心線を100mの位置に，右柱の横の中心線を上から75mm（下から85mm）の位置に描く。半柱（15×50mm）と右柱（20×50mm）のほぞの位置を天板上端面に描く。

(3) 正面図（右半柱）を描く（図3・163）

　天板の平面図の位置から75mm程度下方に正面図の天板の上端線を描き，この位置から下方に脚立の高さ寸法450mmを取り，接地水平面の位置とする。30mm下がった位置に天板下端線も描いておく。正面図において，柱の転び勾配は35/100となっているので，天板上端面の右柱中心位置から，外方向に35/100の柱中心線を描く。柱の幅寸法は接地水平面において50mmとなっているので，柱中心線から25mmずつ振り分けて柱外角面を描く。正面ぬきの上端線を天板上端よ

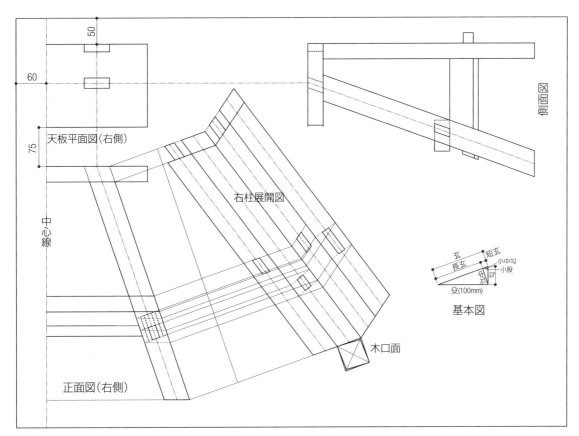

図3・162　基本図及び現寸参考図

り250mm下がった位置に描き，厚みの30mmを取って下端線を描く。側面ぬきのほぞは下凸の小根ほぞとなっているので，柱中心線から7.5mmずつ振り分けて，成25mmのほぞ断面を描く。

　側面ぬきの位置は，課題図の柱，ぬき，つなぎ取合い図に示すように，正面ぬきの下端線と側面ぬきの上端角が一致する高さに配置するようになっているので，右柱の中心線から15mmずつ振り分けて側面ぬきの幅を描き，正面ぬきの下端線と交わる位置を側面ぬきの上端線とする。側面ぬきの高さ50mmを取って，下端線を描く。つなぎ材は，側面ぬきの下端外角の位置に

つなぎ材の下端を合わせて描く。つなぎ材の成は20mmである。

　右半柱の正面図は右柱の正面図と基本的に同じ形状となる。

(4)　側面図を描く（図3・164）

　側面図の天板の上端線を，天板平面図の右端より300mm程度の位置に描き，この位置から右方に脚立の高さ寸法450mmを取り，接地面の位置とする。天板上端線より30mm下がった位置に天板下端線も描いておく。天板上端面における右柱中心線の位置から，正面図と同じく35/100で右柱中心線を描く。

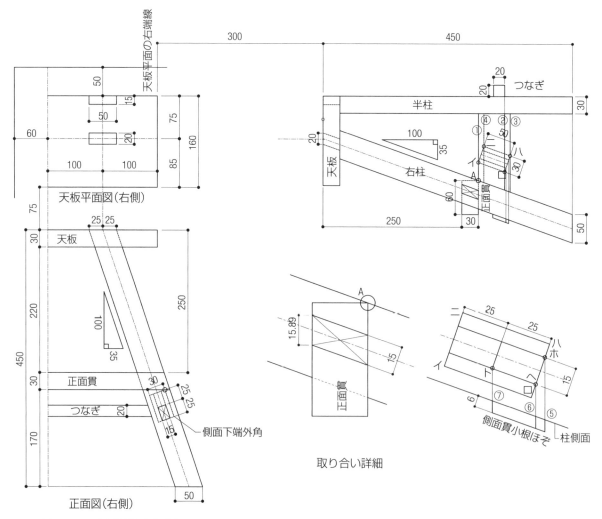

図3・163　平面図及び正面図　　　　　　　　　　　　　　　図3・164　側面図

柱幅は柱中心線から25mmずつ振り分けて柱外角面を描く。半柱（幅30mm）の外形線も描いておく。

天板の上端面から250mm下がった位置に正面ぬきの上端位置を取り，さらに30mm下がった位置に下端線を描く。正面ぬきの下端角は柱の内側面に合わせて配置し，60mmの幅を取る。正面ぬきのほぞ穴線は，柱の中心線から7.5mmずつ振り分けて描く。この時，ほぞ幅は15mmであるが，水平方向に測った場合のほぞ幅は15.89mmとなる。

側面ぬきの位置は，転び寸法を考慮しないと描くことはできない。側面ぬきの上端外角は正面ぬきの下端に合わせて配置するので，まず側面ぬきの上端外角線を描く。側面ぬきの各角線を描くため，上端外角の位置から中央部分に35/100の転び勾配で側面ぬきの断面（30×50mm），ほぞの断面を描く（図3・164参照）。側面ぬきの断面図をもとに，側面ぬきの下端角を描くことができる。側面ぬきの下端外角の高さにつなぎ材下端をあわせて断面を描く。また，下凸のほぞの各角もわかるので，柱の外面から柱に垂直に6mmのほぞの出を描く。

(5) 右柱展開図を描く

正面図および側面図における柱の転び勾配は35/100であるが，柱は2方向に傾いているので，柱の傾斜角は図3・165に示すように以下の3つが考えられる。

・正面図での柱の勾配A

　転び勾配＝高さ（殳）/転び幅（勾）

・対角線に対する柱の勾配B

　裏の目返し勾配＝高さ（殳）/転び幅（勾）の裏目（対角線）（$\sqrt{2}$）

・柱面での勾配C（展開図）

　立面図での柱の長さ（玄）/転び幅（勾）

柱の実長は，図3・167に示すように裏の目勾配法では，高さを殳とし転び幅の裏目を勾とした玄の長さとなる。また，柱面での勾配は正面図での柱の転び勾配（勾/殳）の玄を殳としてさらに垂直に勾の長さを取って求めることができる。これをふた転び法と呼んでいる（図3・166）。柱面での勾配は，基本図に柱高さを殳とすると，勾/玄＝中勾/殳となるので，展開図における柱の勾配は中勾の勾配といえる。

a. 右柱の実長

柱の実長を求める作図法には，ふた転び法以外に，柱の高さを殳として，垂直に転び幅の裏目をとって柱の実長を求める裏の目勾配法（図3・167）と柱の高さの玄を正面図における柱高さと仮定し，垂直に転び幅（勾）をとって柱

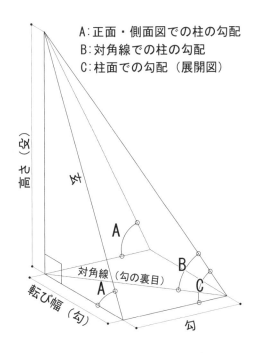

A：正面・側面図での柱の勾配
B：対角線での柱の勾配
C：柱面での勾配（展開図）

図3・165　四方転び柱の傾斜角

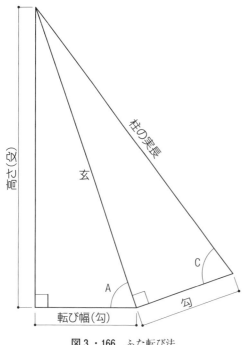

図 3・166　ふた転び法

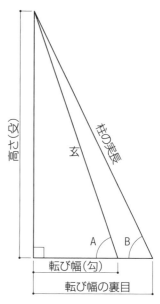

図 3・167　裏の目勾配法

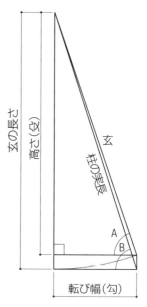

図 3・168　延びがね法

の実長を求める延びがね法（図3・168）があるが，ここではふた転び法による柱の展開作図法について説明する。

　まず図3・169に示すように正面図の外角線②が接地面と交わる点Bから垂直線BCを描くとともに，正面図の右柱外角の線②と平行に100㎜程度離れた位置に勾配第1基準線③A'B'を描きこれを殳とする。B'からさらに垂直線④を引いて，高さ450㎜の35/100転び勾配の勾（接地面における水平の転び長さ）である157.5㎜をとった交点C'とA'を結んだ線⑤が，右柱の柱面で測った勾配線（中勾勾配）となる。

　柱の断面寸法は現寸図によるとされていて，課題図によると柱の接地幅は50㎜となっているので，接地面における水平の転び長さの方向に，右柱の各角の位置を示す線⑥（内側の角），（正

面左角），線⑦（正面右角，外側の角），線⑧（側面奥の角），線⑨（内側の角）を50㎜間隔で引き，中心線も同時に描いておく。ここで，線⑤と線⑨は同じ内側の角の線を示しているので，線⑤の天板の上面位置A'，天板の下面位置D'，接地面位置Cから，直角に線を引き出し，線⑨

上のA3′, D³′, C″ の位置を定める。A′ A3′, D′ D³′, C′ C″ を結んだ線はいずれも水平線を表している。

b. 正面ぬきの穴墨（図3・170）

正面図における柱の外角線②における正面ぬきの高さ位置E, Fから線⑦まで引き出し線を柱に直角に引く。E′ E″ が正面ぬきほぞ穴の上端位置, F′ F″ がほぞ穴の下端位置となる。側面のほぞ穴位置は, E″ F″ から水平線を引く。

正面ぬきのほぞ幅は正面から見ると, 15mmであるが, 展開図で描いた柱は勾配がついたものとなっているので, 展開図に描く場合は, 勾

配を考慮したものとする必要がある。ほぞ幅は柱の勾配によって異なるが, ほぞの水平幅は柱の勾配によって左右されないので, 正面図に描いたほぞの水平幅（15.89mm）を展開図上に取って, ほぞ穴位置を決める。展開図上でのほぞ穴の水平幅15.89mmに対する, ほぞ穴の幅は15.09mmである。

c. 右ぬきの穴墨（図3・171）

右ぬきの位置は正面図で示されている。右ぬきは小根ほぞとなっているので, ぬきの成は, 柱の側面内側では50mmであるが, 正面側は下半分の25mmとなっている。正面ぬきでは上端, 下

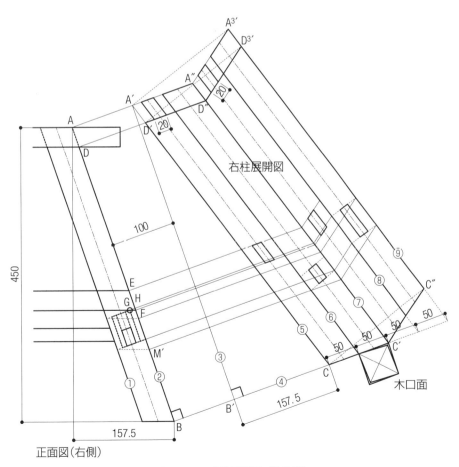

図3・169 右柱展開図（柱外形）

端は水平となっていたが，右ぬきは柱と同じように転んでいて，柱は曲せが取られている。したがって，ぬきの上端と下端の線は内側から外側に向かって伸びがある。一般的にこの勾配は小中勾となるが，ここでは正面図から上端線および下端線を引き出して求める。

　正面ぬきは水平に配置されているので，上端及び下端の位置は1箇所づつである。右ぬきは柱と同じ勾配で転んでいるのでぬきの断面の各角の高さ位置は左右で異なる。

　ここでは展開図にぬき上端線と下端線を描くために，正面図においてぬき上端線と下端線を柱角線①②まで延長して，上端線との交点I，H，下端線との交点M，Lを決める。正面図における柱の外角線②における右ぬきの高さ位置

の延長線の交点HとLから線⑦まで線②に直角に引き出し線を引き，それぞれの交点をH'，L'とする。内角線①における右ぬきの高さの延長線の交点I，Mからまず線②まで水平線を引き，さらにそれそれの交点I'，M'から線⑦まで線②に直角に引き出し線を引くと，それぞれの交点I"，M³' が求まる。さらに側面内側面のぬき穴位置を決めるため，線⑦の交点H'，L'から線⑧に対して水平線を引くと，交点H"，L"が求まる。線⑦の交点I"，M³'から線⑨に対して水平線を引くと，交点I³'，M⁴'が求まる。

　側面ぬきのほぞ幅は正面ぬきと同様に水平幅（15.89㎜）を展開図上で取って，ほぞ穴位置を決める。側面ぬきのほぞは，ほぞ成の半分とする。小根ほぞとなっているので，側面ぬきの成

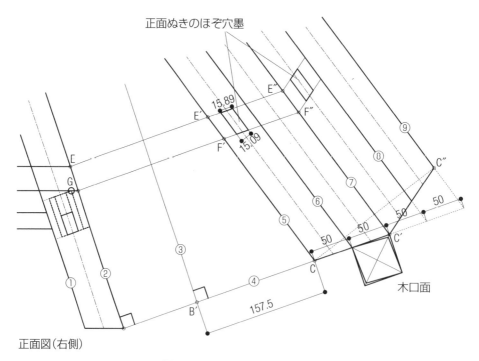

図3・170　右柱展開（正面ぬき）

を二等分した線も描いておく。

d．柱のくせ（図3・171）

四方転びでは柱が正方形断面の場合，接地面がひし形となり，ぬきの穴墨位置も表面と裏面でずれが生じる。通常，柱の接地面が正方形となるように，柱断面をひし形にくせを取る仕様とすることが多い。柱のくせの取り方には諸法あるが，ここでは中勾勾配の柱図から求める方法を説明する。

図3・171において，線⑦と線⑥の接地面との交点をイ，ロを一辺とする正方形をイロハニと対角線イニを引き，ここに柱のくせ断面を描く。柱をひし形としてくせを取った際の断面の一辺の長さは，展開図の柱勾配（中勾勾配）において柱に対して直角に測った長さロホとなる。次にロを中心としてロ〜ホを半径とする弧を描き，接地断面の対角線イ〜ニとの交点をヘ，ト

とする。ロ〜ト，ト〜ハ，ハ〜ヘ，ヘ〜ロを結んだひし形が柱のくせの断面の形となる。

(6)　ぬきの展開図

技能検定ではぬきの展開図を描くこととなっていないが，ここでは，側面ぬきの2面展開図（上端面，外側面）について説明する。(4)で描いた側面図における右ぬきと右柱の取り合い交点から展開図に引き出すことにより，ぬきの各角線の位置を定める。

図3・172に側面図の右柱と右ぬき部分を示した（図3・164側面図の右柱−側面ぬきの取り合い部分を時計回りに90°回転）。側面図の柱設置線からやや離れた位置に側面ぬきと並行に右ぬきの上端幅線⑩⑪を30mm間隔で引く。同時に上端中心線も引いておく。右ぬきの半柱へのほぞ幅は15mmとなっているので，上端中心線から半柱の位置に7.5mmずつほぞ幅を振り分けて

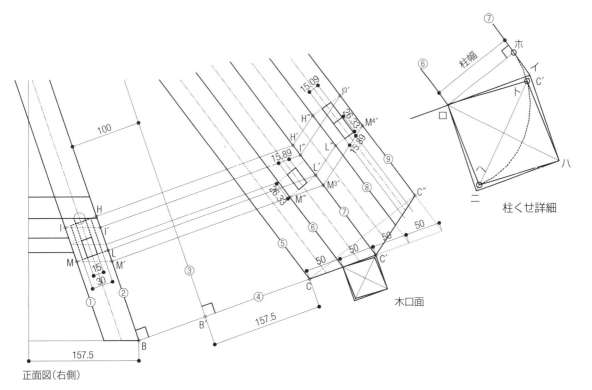

図3・171　右柱展開図（右ぬき）

描く。

　線⑪から成50mmを取って下端線⑫とする。側面図で側面ぬきの各角線①②④は展開図では，それぞれ⑪⑫⑩のことなので，側面図において側面ぬきが右柱と接する点A，O，Pから線⑩，⑪，⑫に垂直に線を引出し，展開図における胴付きの各点A'，O'，P' を定める。

　右ぬきの柱へのほぞは幅15mmで，柱芯から先は下半分のみとなる小根ほぞとなっている。この段差の部分⑬⑭は，胴付きA'，O'，P' から水平方向に25mm取って，同じ勾配で引く。右ぬきの小根ほぞ先は柱面より垂直に6mm突出させた納まりとなっている。側面図には，この突出部分を描いているが，右ぬきの展開図を描くにあたっては，ほぞ幅でなくぬき幅の位置で墨付けをする。側面図でぬき下ば外角の線②を柱の内側交点Pから水平に延長し，柱外面R及びほぞ先Qを求める。R，Qから線⑫に垂直に右ぬき展開図に線を引き出してR'，Q' を定める。側面ぬきの水平方向の突出寸法は6.35mmとなる。R'，Q' から胴付き線A'，O'，P' に平行に同じ勾配で，小根ほぞと突出部の位置墨⑮⑯を引く。

　ぬきの内側面，下端の墨は，それぞれ向かい合う面と同じ勾配となる。

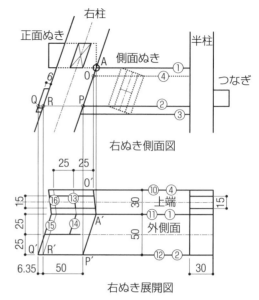

図3・172　右ぬき展開図

2級技能検定　各部材展開図

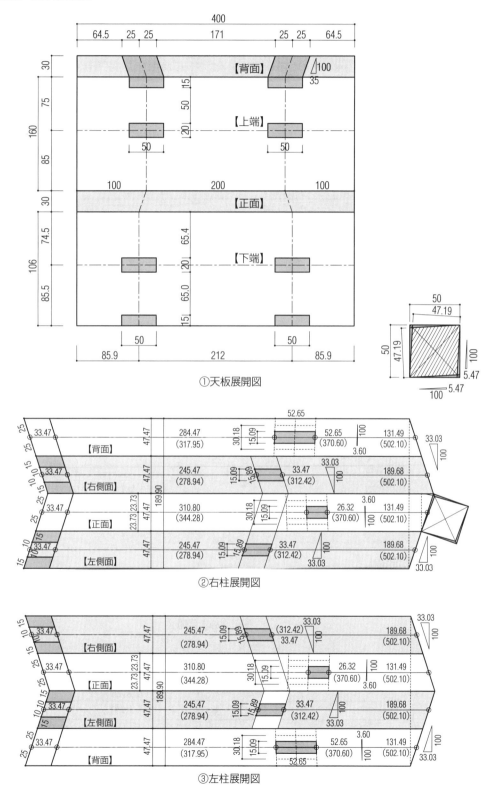

①天板展開図

②右柱展開図

③左柱展開図

図3・173　天板展開図，右柱展開図，左柱展開図

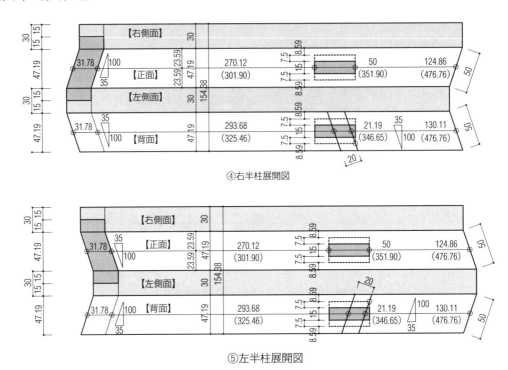

④右半柱展開図

⑤左半柱展開図

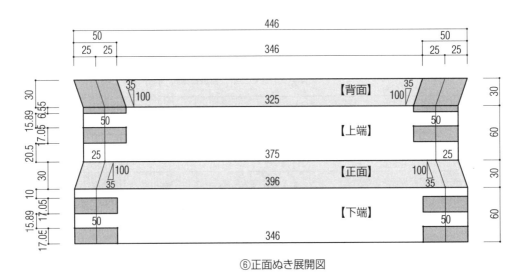

⑥正面ぬき展開図

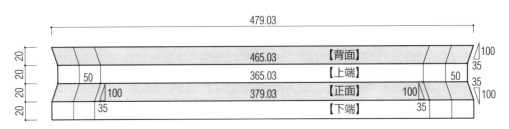

⑨つなぎ展開図

図3・174　右半柱展開図, 左半柱展開図, 正面ぬき展開図, つなぎ展開図

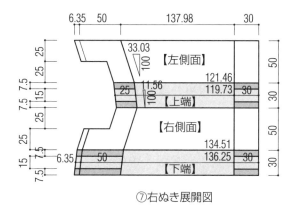

⑦右ぬき展開図

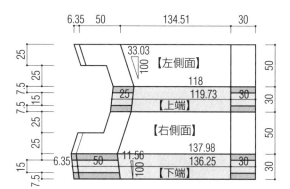

⑧左ぬき展開図

図3・175 右ぬき展開図，左ぬき展開図

3・4・7　曲無し屋根筋かい

　令和4年度からの2級技能検定の課題は3・4・6で解説した四方転びの踏み台から，曲無し屋根筋かい，すなわち曲を取らずに屋根野地面に屋根筋かいを合わせて納める振れだる木小屋組みとなっている（図3・176）。

　要求図面は右屋根筋かいと左振れだる木となっているが，振れだる木の展開図については3・4・2で解説しているので，ここでは屋根筋かいの展開図の描き方について説明をする。

　課題の現寸図配置参考図，部材の仕上がり寸法，墨付け，平面図等の課題図については，別刷（技能検定2級建築大工実技試験問題）を参照のこと。

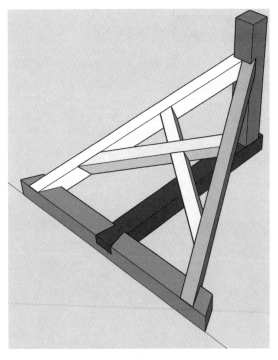

図3・176　2級技能検定課題

(1)　屋根筋かい平面図を描く

　部材側面が垂直に取りつく場合は，平面上で上端角と下端角が一致しているので，始めに平面図を描いた後，それを基に展開するのが一般的であるが，本課題のように屋根野地面に合わせて部材を回転させて配置した場合，平面上で上端角と下端角は一致しなくなるので，屋根筋かいの木口型を求めて，平面図に屋根筋かいの4つの角線を描く必要がある（図3・177）。

　始めに，課題図を参照して桁外端，柱中心線，振れだる木（中心線，幅），屋根筋かい中心線等を描く（図3・178）。

　図3・178で右屋根筋かいと右振れだる木の交点bは，桁外端線と柱中心線の交点aから右振れだる木に直角の線を引いた交点となっている。左屋根筋かいと右振れだる木の交点cは，線abと等しい長さbcを右振れだる木上に取る。同図より，屋根筋かいと振れだる木上部交点（e，c）と下部交点（b，d）と桁外端からの長さの関係は，次のようになる。桁外端から下部交点の長さは100㎜，下部交点から上部交点の長さは200㎜となる。

　図3・177の右屋根筋かいと右振れだる木の心の交点Aと右屋根筋かいと左振れだる木の心の交点Bを結んだ線ABを地間とし，交点Bから右屋根筋かいに直交する線①を引く。立上がり寸法は屋根の平勾配が5/10なので，AB間の高さの差は平勾配の水平距離200㎜×5/10＝100㎜となる。A点と立上がり寸法のC点を結んだ線②が右屋根筋かいの勾配（27.7/100）となる。

次に，図3・179に示すように右屋根筋かいの地間上の任意の点D（ここでは，ADを130mmとしている）から右屋根筋かいの勾配②に対して直角の線③（中勾）を引いて，交点をEとする。DEの長さをD点から地間上にとった点をF点とする。

左右の屋根筋かい心と振れだる木心を結んだ線に対して，地間上の点Dから地間ABに直角の線④を引き，交点をGとする。G点とF点を結ぶ線⑤を引く。④を陸墨とすると，線⑤が屋根筋かいを直角に切断した場合の野地面の勾配（40.1/100）となる。

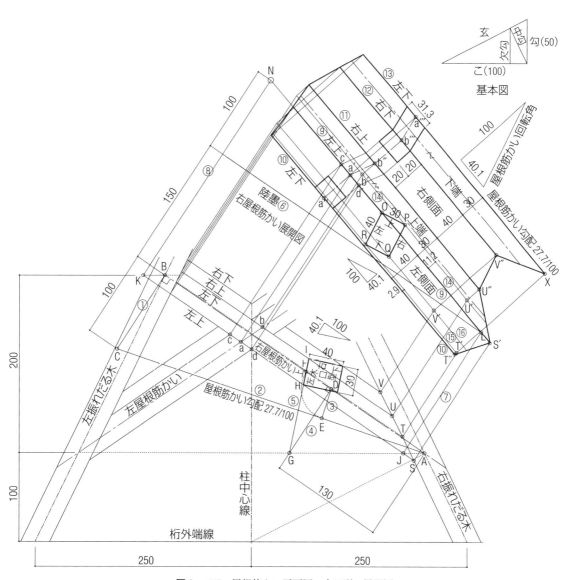

図3・177　屋根筋かい平面図，木口型，展開図

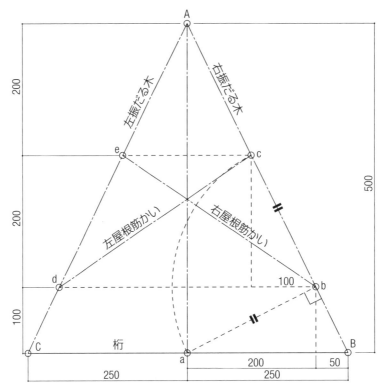

図3・178 各部材配置図

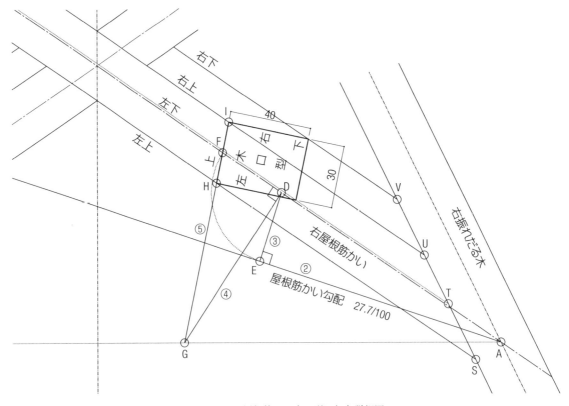

図3・179 屋根筋かい木口型回転角詳細図

この野地面の勾配をもとに右屋根筋かいの木口断面を描く。屋根筋かいの木口型は，屋根筋かいを部材に直角に切断して，切断面を平面上に表現するイメージで描かれる。F点から屋根筋かいの材半幅15㎜をGF線とその延長線上に振り分けて，それぞれ左上角点H，右上角点Iとする。

線⑤（野地面）を右屋根筋かい木口断面の上端とし，材成40㎜をとってそれぞれの交点を結ぶと，屋根筋かいの木口断面30×40を描くことができる（図3・179）。

この木口型の求め方は，棒隅木・振れ隅木・振れだる木の木口の求め方と同じ考えである。棒隅木の場合を例として，木口型の求め方を3

次元的に表現すると図3・180のようになる。

隅木の地間の任意点イから隅勾配に対して垂直に線を描き（中勾），交点をロとする。また，任意点イから桁に向けて直角の線を描き，交点をハとする。イ，ロ，ハを通る三角形で隅木に対して直角に切断して，隅木の材成と材幅をとると隅木の木口型が得られる。得られた木口型を2次元の平面上で表現するには，図中の矢印の方向ロ'に倒すというイメージを持つとよい。振れ隅木，振れだる木の場合も同様の考え方で説明ができる。

ここで，図3・180中の∠イハロは，中勾勾配であるので「隅木の山勾配は中勾勾配」の説明にも用いることができる。

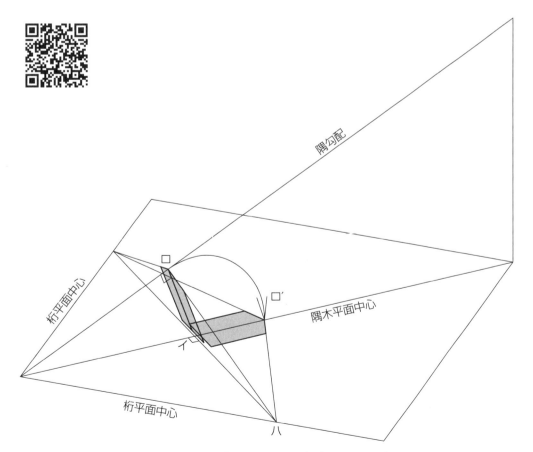

図3・180　棒隅木の木口型の求め方（3次元CAD図）

(2) 屋根筋かい展開図を描く（図3・177）

　屋根筋かいの展開図を描くために，平面図上で屋根筋かいの各角と振れだる木の交点および左右の屋根筋かい交点等を明確にする必要がある。

　図3・179で平面図に描いた木口型をもとに右屋根筋かいの各角線を平面に描くと，右屋根筋かいの各角線と右振れだる木との交点である左上角交点S，右上角交点U，左下角交点T，右下角交点Vの位置がわかる。右屋根筋かいの平面図上での幅と同様に左屋根筋かいの平面も描き，屋根筋かいと振れだる木の交点および屋根筋かいの接合部を明確にしておくとよい。本課題では，左下端線と上端中心線が近接した位置にあるので，展開図の引出線を描く際には誤らないように注意が必要となる。

　(a)　陸墨⑥を引く

　図3・177において右屋根筋かいの展開図の陸墨は，平面図の右屋根筋かいと平行な線を引く。平面図に重ならないようにするには，平面図の右屋根筋かい心より平行に300mm内外離して線⑥を引くとよいが，ここでは平面図の一部を省略し，150mm離して陸墨⑥を引いている。

　(b)　陸墨に対する右屋根筋かいの勾配を引く

　右屋根筋かいの展開図は，ここでは左側面を基準に描いていく。平面図の右屋根筋かいの左上端において，右屋根筋かいと右振れだる木の心の交点Aと同じ高さの交点を点Jとする。同じく，右屋根筋かいと左振れだるきの心の交点Bと同じ高さの交点をKとする。点Jおよび点Kから右屋根筋かいに直交する線⑦，線⑧を引く。引き出し長さは，線⑦は陸墨⑥の点Lまで，線⑧は陸墨⑥から100mm（立上がり）延ばした点Nまでとする。点Lと点Nを結んだ線⑨を展

開図における右屋根筋かいの左上端線とする。

　(c)　木口を描く

　この課題では，屋根筋かいは曲をとらずに，屋根野地面に上端を合わせる納まりとなっている。屋根筋かい側面は地間に対して垂直ではなく40.1/100傾斜しているので，展開図を描くためには屋根筋かいの木口断面を展開図に描き，側面から見た木口の各角の高さを求める必要がある。

　木口断面は線⑨の任意の位置に左上端角点Oを定める。右上端角点Pは，平面図における屋根筋かいの木口型を見ると，屋根筋かい部材に直角，すなわち屋根筋かい部材側面に対する野地面の勾配（屋根筋かいの中勾勾配）40.1/100上に存在する。

　したがって，線⑨を基準として，屋根筋かいに直角な屋根野地面の勾配40.1/100を描いた後，点Oから材幅30mmを取って点Pとする。次に，線OPに対して直角に材成40mmをとり，それぞれを点R，Qとし，木口断面OPQRを描く（図3・177）。

　(d)　展開する

　左上角を表す線⑨を基準として，これと平行に右屋根筋かいを展開した左下端線⑩，右上端線⑪，右下端線⑫，左下端線⑬を引く。また，屋根筋かいの木口型の各角を側面から見通した高さを表す線⑭（右上端），線⑯（右下端），線⑮（左下端）引いておく。

(e)　各部の墨を表す

　始めに，右屋根筋かいと右振れだる木取合い部の展開図を描く（図3・181）。

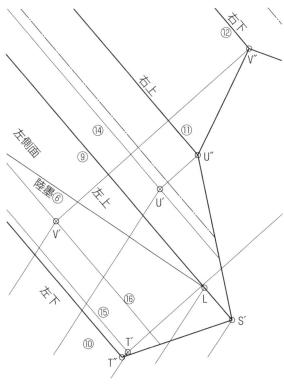

図 3・181　屋根筋かい展開詳細図

　平面図の右屋根筋かい左側面と右振れだる木左側面の交点である左上端点S，左下端点T，右上端点U，右下端点Vから陸墨⑥に直角に引出線を，展開図の高さを表す各位置線との交点⑨S'，⑭U'，⑮T'，⑯V'まで引く（図3・177，図3・181参照）。

　次に展開した各辺まで展開図に直角に移動させる。左上端点Sを立ち上げた点S'は左上端線⑨と同一線上なので移動しなくてもよい。左下端点Tを立ち上げた点T'は左下端線⑩上に直角に点T"まで移動させる。右上端点Uを立ち上げた点U'は，右上端線⑪上に直角に点U"まで移動させる。右下端点Vを立ち上げた点V'は，右下端線⑫上に点V"まで移動させる。線⑩と線⑬はいずれも左下端を表す線なので，点T'から左下端線⑬上に直角に線を点Xまで引き出しておく。右屋根筋かいと左振れだる木取合い部の展開については，これまで述べてきたものと同様の手順で描くことができる。

　左右の屋根筋かいの取合い部の展開図については，側面の墨はすべて材に直角であることを念頭において描くとよい。図3・177において平面図の右屋根筋かいにおける左屋根筋かい中心線の左上端点a，右上端点bから陸墨⑥に直角な引出線を，展開図の高さを表す各位置線との交点⑨a'，⑭b'まで引く。

　次に展開した各辺まで展開図に直角に移動させる。右上端点bを立ち上げた点b'は右上端線⑪上に直角に点b"まで移動させる。左上端点aを立ち上げた点a'は左下端線⑩上に直角に点a"まで移動させる。

　左下端線⑬は線⑩と同じように，右下端線⑫は線⑪と同じように移動して，それぞれ，点a'''，点b'''とする。a"，a'，b'，b"'，a'''の各点を結んだ線は，左屋根筋かいの中心線を表している。

　幅墨については，平面図の左上端の幅位置点c，点dから陸墨⑥に直角に左上端線⑨まで立ち上げると，線c'd'が展開図における幅墨（31.3mm）となる。先に引いた左屋根筋かいの中心線と平行に各面に幅墨を描く。

　左右の屋根筋かいの取合いは相欠き仕口となっているので，左側面と右側面の成40mmの中心に欠き取り線を描く。

3・4・8 ひよどり栓

令和4年度からの1級技能検定の課題は，3・4・5で解説した振れ隅木小屋組み（配付たる木）から，5.5寸勾配の寄棟屋根に棒隅木とたる木を納め，ひよどり栓をそれらの部材に貫通させた小屋組となっている（図3・182）。

要求図面は，隅木側面図・木口型と，たる木展開図となっているが，隅木の展開図については3・4・4で解説しているので，ここではたる木とひよどり栓の取り合いに着目し，たる木展開図の描き方を中心に説明をする。

課題の現寸図配置参考図，部材の仕上がり寸法，墨付け，平面図等の課題図については，別刷（技能検定1級建築大工実技試験問題）を参照のこと。

(1) 平面図（隅木側面を含む）を描く

課題図を参照して，始めに平面図を描く。ひよどり栓の位置関係は課題図の「隅木（ひよどり栓・たる木ほぞ穴）詳細図」で示されているので，これを参照して隅木側面図にひよどり栓の断面を描く。以下，平面でのひよどり栓の各角の線を引く手順を説明していく。

(a) 陸墨①を引く

実技試験問題の現寸図配置参考図を参照し，隅木とたる木の平面図を描く。隅木の軒先の峰の位置およびひよどり栓の平面については，隅木側面図を描いた後とする。平面図の隅木と重ならないように，隅木心より130mm内外離して陸墨①を引く（図3・183）。

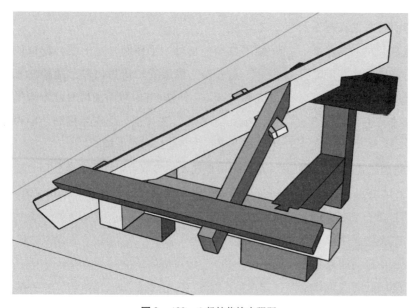

図3・182　1級技能検定課題

（b） 陸墨に対する隅木の勾配を引く

隅木の平面における桁入中の点Aから陸墨に直角に線②を引き，陸墨との交点をBとする。母屋入中の点Cから陸墨に直角に線③を引き，陸墨との交点をDとする。交点Dから192.5mm（350mm×55/100）上がった点Eと交点Bを結ぶ線④が，陸墨に対する隅木の勾配（隅勾配）となる。この線を，たる木下端線とする。

（c） 隅木の山勾配

隅木山勾配の求め方を，図3・184に示す。一辺が100mmの正方形ABCDを描く。本課題のたる木勾配（平勾配）は5.5/10となっているので線ADから55mmとなる位置を点Eとすると，∠ADEがたる木勾配（平勾配）を表す。

正方形ABCDの対角線ACに直角に勾の55mmを取り点Fとすると，∠ACFが隅木勾配（隅勾配）となる。次に，正方形ABCDの対角線の交点Gから隅勾配の玄である線CFに垂直に線を引き，交点をHとすると，線GHは中勾となる。線GHと等しい長さを点Gから点A方向に取り，点Iとする。点Iと正方形の角の点B，点Dを結んだ線が隅木の山勾配となる。

点Iを隅木の隅木の峰，線ACを中心線として，隅木部材の木口断面（50×75）JKLMを描く。山勾配の線BIをたる木の上端として，これに平行にたる木成（52mm）を取って，たる木下端線を描く。図3・184よりたる木下端から隅木下端と外角までの高さや峰の位置がわかるので，図3・183に示す通り，線④（たる木下端）と平行に線⑤（外角），線⑥（峰），線⑦（隅木下端）を引く。

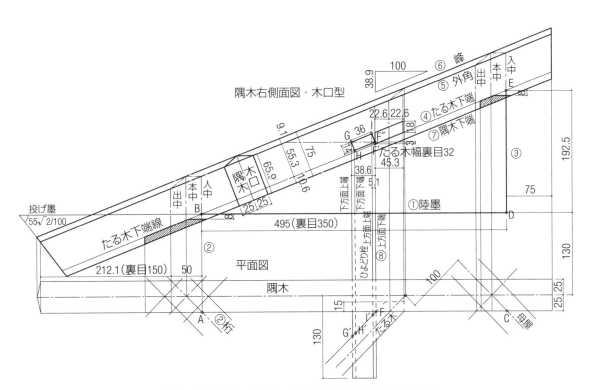

図3・183 隅木・たる木・ひよどり栓平面図，隅木側面図

(d) 隅木の側面を展開

ここでは，主として，隅木側面のひよどり栓の取合い部の展開について説明する。課題図の隅木（ひよどり栓・たる木ほぞ穴）詳細図にしたがって，図3・183の隅木側面にひよどり栓の位置を描く。

ひよどり栓の位置は，平面図で上方面下端の点Fを隅木側面にて，たる木側面と一致させるようになっているので，平面図にこの一致している点Fから線⑤まで陸墨に直角に線⑧を引く。

また，ひよどり栓の上方面下端の立面位置は線⑧において，たる木下端から立水で3mm上がりとなっているので，線④と線⑧の交点F'から3mm上がった点F"をひよどり栓の上方面下端とする。

ひよどり栓の厚みは14mmと指定されている

が，幅については現寸図によるとされている。点F"より陸墨（ひよどり栓の対角線）を引き，厚みが14mmとなる点Gが，ひよどり栓の下方面上端である。点F"，Gを対角線とする矩形GIF"Hが，ひよどり栓の形状となる。

(e) ひよどり栓の平面位置

図3・183で隅木右側面におけるひよどり栓4角の各点を，G，I，F"，Hとする。4角の内，上方面下端の位置は線⑧としてすでに引いているので，残りの点G，I，Hから陸墨①に直角にひよどり栓の各角の平面位置を表す線を引く。

ひよどり栓の端部は，隅木心から130mmとなっている。平面図でひよどり栓とたる木の左側面との交点をG'，I'，F，H'とする。

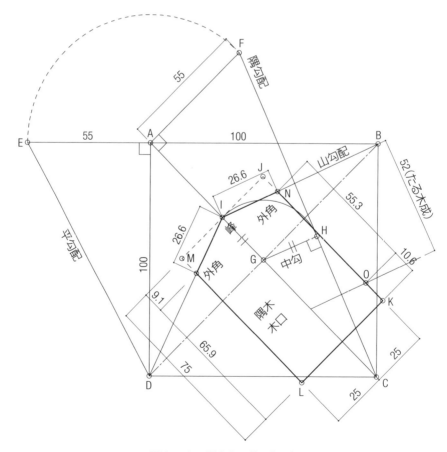

図3・184　隅木木口型の求め方

(2) たる木展開図を描く

たる木とひよどり栓の平面図が描けたら，次に，たる木の展開図を描く（図3・185，図3・187）。平面図において，たる木左側面を表す線をたる木展開図の陸墨⑨とし，ここでは展開図はたる木の左側面を基準として描くこととする。

(a) 陸墨に対するたる木の勾配を引く

図3・185，図3・187のたる木平面において，陸墨⑨（左側面）上で軒先上端点 a から隅木心までの長さ a b が地間「400mm（150㎜+250㎜）」となる。たる木勾配は，点 b より陸墨⑨に直交する立水線⑩を引き，点 b から220mm（400×5.5/10）の点を c とする。点 a と点 c を結ぶ線がたる木勾配を表すので，これをたる木展開図の左上角線⑪とする。

(b) たる木の側面の成と幅を描く

図3・185，図3・187の左上角線⑪を基準として，これと平行にたる木の成52mmの位置に線⑫（左下角）を，たる木幅32mmの位置に線⑬（右上角）を引き，さらに線⑬よりたる木の成52mmの位置に線⑭（右下角）を引く。

(c) 各部の墨を表す

平面図の桁心を線⑪まで延長すると，線 dd' がたる木左側面の桁心墨となる。上端面は点 d' から線⑪に対して直角に線を引き⑬との交点を d" とする。下端面は点 d から線⑫に対して直角に線を引いて，線⑭との交点を d" とする。線 d' d" と線 d" d"' が，それぞれ上端面と右側面の桁心墨となる。

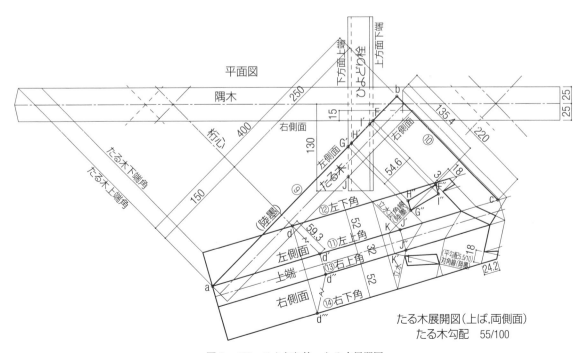

たる木展開図（上ば, 両側面）
たる木勾配 55/100

図3・185 ひよどり栓・たる木展開図

たる木と隅木の取合いを図3・187に示す。たる木の隅木への大入れ仕口については，隅木平面において点F，r，o，pで結ばれた台形となっている。平面図上で，大入れ仕口の形状の角度を示す線pq，線rsを結ぶことにより，展開図での点oの位置を求められる。たる木左側面の点F，r，qから，陸墨に直角に引き出し線を展開図において左上角となる線⑪まで引き，交点を点f，r'，q'とする。

次にたる木右側面の点p，sから陸墨に直角に引き出し線を線⑪まで引き，交点を点p'，s'とし，さらに，交点p'，s'から垂直線を展開図において右上角となる線⑬まで引いて，交点p"，s"とする。たる木と隅木の大入れ仕口の上端の切墨は，線r's"と線p'''q'である。また側面の切墨は，ほぞ成が立水でたる木下端から18mmとなっているので，左側面は線⑫より，右側面は線⑭より立水で18mmとなる点e，点

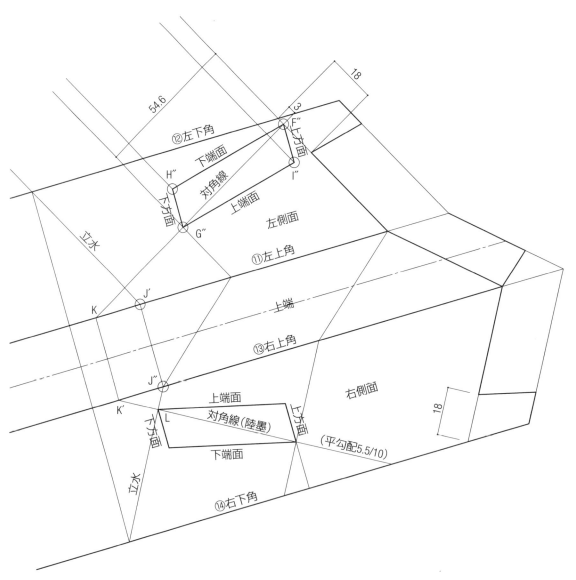

図3・186　ひよどり栓位置拡大図

e'がほぞ上端位置となる。たる木と隅木との取合いは，課題図に基づくとされており，隅木側面のたる木形状が示されているものの，たる木のほぞ先については，特に指定されていない。ほぞ上端をひよどり栓の上端と平行に納める場合，ほぞの側面は半勾配（27.5/100）となる。ほぞの側面が半勾配となる理由については，ひよどり栓の展開図の項で説明する。

(d)　ひよどり栓との取り合い墨

隅木とたる木にひよどり栓が差し込まれる場合の，隅木側面とたる木側面のひよどり栓の形状の求め方を，図3・188と図3・189に示す。

図3・188はQRコードを読み取ると3次元の図で見ることができる。図3・189で真隅の隅木とたる木の平面図と立面図を描き，隅木側面に直角に挿入された矩形のひよどり栓がたる木とどのように交わるかを見てみる。まず，たる木の地間を線ＡＢ（100mm），隅木の地間を線ＡＣ（100$\sqrt{2}$mm）として，たる木と隅木の平面位置を描く。

本課題では，たる木の勾配（平勾配）が5.5/10となっているので，点Aから線ＡＢと線ＡＣに直角に55mmの線を引き，平勾配∠ＡＢＤ，隅勾配∠ＡＣD'を描く。隅勾配の玄の線ＣD'をひよどり栓の下端長さと仮定し，点D'から陸墨（隅木地間線ＡＣと平行）を，点Ｃから線ＣD'に対して直角の線を引き，この2つの線の交点をＥとする。線ＣD'と線ＣＥに平行な線をそれぞれ点D'と点Ｅから引くと交点Ｆが定まり，仮定した断面のひよどり栓の隅木側面での形状が得られる。線ＣD'が下端面，線ＥＦが上端面，線D'Fが上方面，線ＣＥが下方面である。

仮定した断面のひよどり栓の各角点Ｃ，Ｅ，Ｆから隅木の地間の線ＡＣに直角に，たる木の地間の線ＡＢと交わる位置まで線を引くと，それぞれの交点C'，E'，F'が求まる。

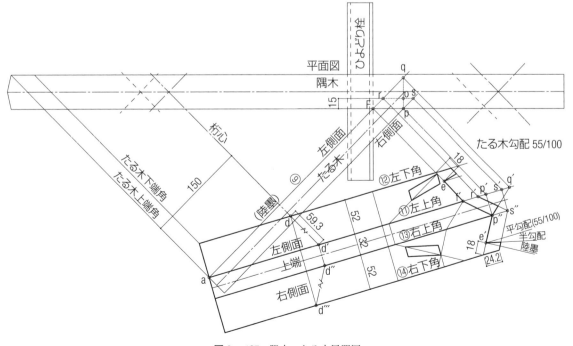

図3・187　隅木，たる木展開図

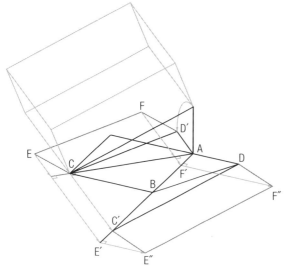

図3・188　ひよどり栓の求め方

たる木の平勾配の玄の線ＢＤに対して，線C'Dは地間が200mmとなり，線C'Dが仮定した断面のひよどり栓のたる木側面での下端長さを表す。

たる木の地間線ＡＢ（100mm）に対して，ひよどり栓の地間ＡC'は200mmとなることから，ひよどり栓のたる木側面での∠ＡC'Ｄは平勾配の半勾配となっている。点Ｄから陸墨を，点E'から線ＡE'に対して直角の線を引き，この2つの線の交点をE"とする。線C'E"と平行な線を点Ｄから，点E"から線C'Dと平行な線を引くと交点F"が定まり，仮定した断面のひよどり栓のたる木側面での形状が得られる。線C'Dが下端面，線E"F"が上端面，線ＤF"が上方面，線C'E'"が下方面である。

図3・186には，本課題のひよどり栓（14×36mm）の隅木側面上とたる木側面上の寸法も併せて描いている。

これまで説明したように，隅木とたる木に挿入されるひよどり栓の隅木とたる木の側面での勾配は，隅木側が隅勾配であるのに対し，たる木側は平勾配の半勾配となることが分かる。

図3・187の展開図では，これまでの説明でたる木の左側面，上端，右側面の形状は描けているので，以下では図3・185，図3・186において，ひよどり栓の墨を描く。

平面において，隅木右側面とひよどり栓の上方面下端の交点Ｆから，陸墨⑨に垂直な線を線⑪まで引き出す。線⑫との交点より3mm上がった点F"が，左側面におけるひよどり栓の上方面下端角となる。点F"から，ひよどり栓の対角線となる引出線を，陸墨⑨に平行に線⑪まで引く。

この交点Ｋから，垂直な線を線⑬まで引き，交点K'とする。点K'から右側面に陸墨（平勾配5.5/10）を引くと，これが右側面側のひよどり栓の対角線となる。平面図において，ひよどり栓の下方面上端がたる木右側面と取合う点Ｊから陸墨⑨に垂直な線を線⑪まで引出し，点J'とする。

さらに，この点J'から垂直な線を線⑬まで引出し，点J"とする。たる木の右側面において点K'から引出した陸墨と交点J"から陸墨と直角に交わるように引出した線（立水，5.5/10の返し勾配）の交点Ｌが，ひよどり栓の下方面上端点となる。平面において，ひよどり栓の各角とたる木左側面との交点I'，H'，G'から，陸墨⑨に垂直な線を展開図の左側面に引き，対角線との交点をG"とする。点G"から線⑫に垂直な線を引き，点H'からの陸墨⑨に垂直な線との交点をH"とする。この点H"が，ひよどり栓の下方面下端点となる。線H"，F"が，ひよどり栓の下端面を表している。

上端面は，点 G" から下端面と平行に線を引き，上方面 F" より下方面点 G"，H" と平行に線を引くと，その交点として上方面上端位置点 I" が得られる。なお，点 I" は平面の点 I' から陸墨⑨に直角に引き出した線と上端線の交点としても求めることができる。右側面のひよどり栓の位置は，点 L と対角線を基準として，左側面と同様の厚みとなるように描けばよい。

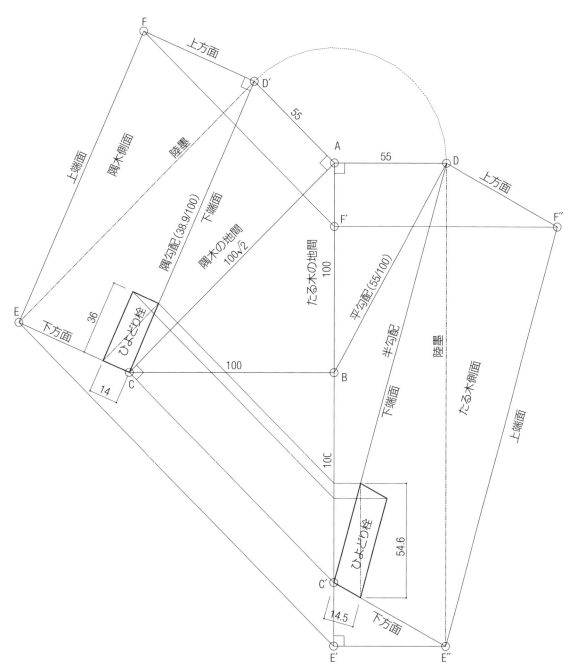

図 3・189　ひよどり栓の隅木側面及びたる木側面の形状

第4章 工作法

4・1 仕口・継手の概要

4・1・1 仕口・継手の種類

　木造軸組構法の構造部分は，床組・軸組・小屋組に分けられ，土台・柱・桁・梁・筋かいなどの各部材が組み合わされてできあがっている。これらの部材相互を組み合わせる接合部が仕口・継手である。部材間をある角度（通常は直角が多い）で接合したものを「仕口」といい，2つの部材を長さ方向に接合したものを「継手」という。これらの接合部は，各部材同士が抜けたり，ずれたりしないように，目違いやほぞをつけたり，材同士に段差をつけるなどの形状としている。仕口・継手の形状は歴史的にみると，いろいろな種類が用いられてきているが，形状としては，「**目違い**」，「**相欠き**」，「**殺ぎ**」，「**略鎌**」などの基本形または，それらを合成した形からできあがっている（図4・1）。

　ここでは，各種の仕口・継手の中から，その仕組み，加工の方法や手順を理解するのに，適当と考えられる基本的な仕口・継手を選び，その工作法を解説する。

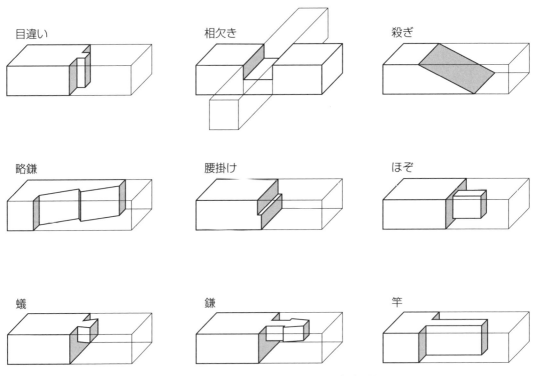

目違い　　　相欠き　　　殺ぎ

略鎌　　　腰掛け　　　ほぞ

蟻　　　鎌　　　竿

図4・1　仕口・継手の基本形および合成形の例

4・1・2 墨付けと加工の基本

⑴ 墨付けの基本

木造建築における仕口・継手の墨付けについては，各種の基本的なルールがある。その主要なものを次に示す。

① 墨付けにあたっては，基本的に材の外面から寸法を測るのではなく，材の心墨を基準にして，寸法を測る。

② 墨付けをする人と加工する人が異なっても，誤りなく加工できるように，一定の決まった墨付けの印を用いて墨を付ける。この印を「**合印**（あいじるし）」という。合印としては図4・2に示すように，「**心墨**」，「**切り墨**」「**ほぞ穴墨**」，「**ほぞ墨**」，「**にじり墨**（誤り墨）」，「**加工墨**（仕掛け墨）」などがよく用いられる。

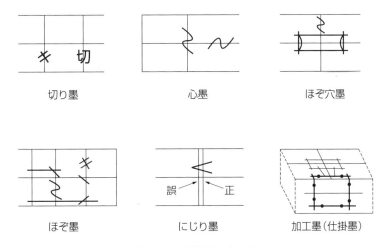

切り墨   心墨   ほぞ穴墨

ほぞ墨   にじり墨   加工墨（仕掛墨）

図4・2 墨付け合印の例

(2)　加工の基本

　仕口・継手の加工には，手工具として，主としてのこぎり，のみ，げんのうなどが，電動工具として，丸のこ，角のみ，ほぞ取り盤などが用いられる。また，プレカットシステムにより，工場で加工される場合も増えてきている。ここでは，加工の基本を理解することに重点を置き，のこぎり，のみ，げんのうなどにより加工する方法を解説した。刃物であるのこぎりやのみは，使い方を誤るとケガをする危険性が高いので，部材の固定方法や作業姿勢については注意する必要があるが，ここでは省略している。

　仕口・継手を刻み加工する際，部位によっては，きつくした方がよい箇所や，若干隙間をあける方がよい箇所がある。そのためには，のこびきの方法が重要となる。墨線のどこをのこぎりで切断するかによって，微妙な調整が可能となり，仕口・継手の出来映えに影響する。図4・3にのこびきの要領を示した。

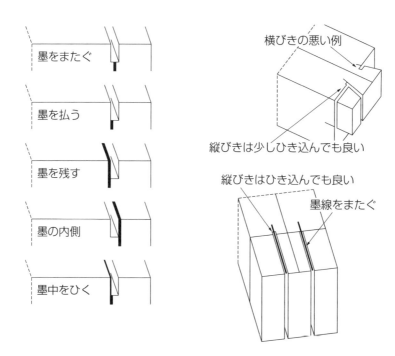

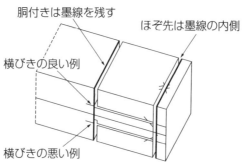

図4・3　納まりとのこびきの要領

4・2 仕 口

4・2・1 平 ほ ぞ

　部材の木口面（端部）に突き出した突起を「ほぞ」という。ほぞには使用される部位や目的に応じていろいろな形状がある。ほぞの形状が単純な直方体のものを一般に平ほぞと呼ぶ（図4・4）。平ほぞの中で，ほぞの長さが材幅の1/2以下のものを**短ほぞ**，ほぞの長さが材幅とほぼ同等のものを**長ほぞ**，取り合う材を貫通するものを**通しほぞ**，または，**打ち抜きほぞ**という。ここでは材幅を120㎜と仮定して，ほぞの寸法を厚さ30㎜，幅90㎜，長さ100㎜とした。

(1) **ほぞ穴の墨付け**（図4・5）

　・上端にほぞ位置の直交心墨①を引く。

　・さしがね幅（15㎜）を利用して，心墨の両側にほぞ厚み位置墨②を引く。

　・上端の直交心墨①より45㎜を両方向に測り，ほぞ穴幅墨③を引く。

　・ほぞ厚み墨および幅墨は，ほぞ穴の寸法より若干長めに交差するように引いておく。

　・手前側面と向こう側面に上端の直交心墨④を回す。

　・ほぞ穴位置の合印をつける。

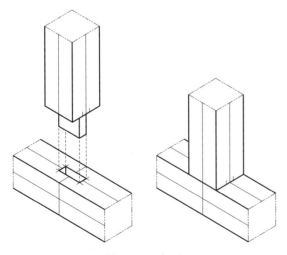

図4・4 平ほぞ

イ）墨付け位置

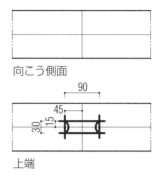

向こう側面

上端

手前側面

下端

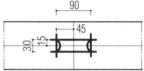

ロ）手順

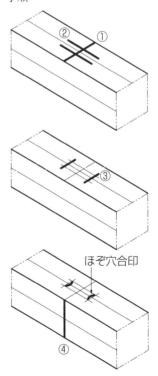

図4・5 ほぞ穴の墨付け

⑵　**ほぞの墨付け**（図4・6）

・上端に切り墨を引き，これをほぞ端部とする。

・切り墨より，ほぞ長さ100mmを測り，胴付き墨⑤を付ける。

・さしがね幅を利用して，ほぞ厚み墨⑥を心墨から両側に振り分けて引く。

・手前側面と向こう側面に，切り墨と胴付き墨⑦を回す。

イ）墨付け位置

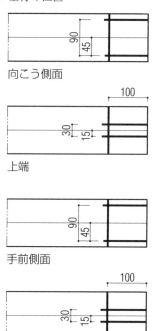

向こう側面

上端

手前側面

下端

ロ）手順

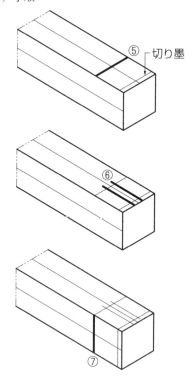

図4・6　ほぞの墨付け

(3) **ほぞ穴の加工**（図4・7）

・ほぞ穴墨より1～2mm程度内側をのみで切れ
目を入れる。

・上端からほぞ穴を掘る。この際，ほぞ穴の
中に山ができるように掘る。

・上端から半分程度まで掘った後，下端から
掘る。

・上端から下端まで貫通したら，ほぞ穴墨の
墨線にのみをあわせて削り，仕上げる。

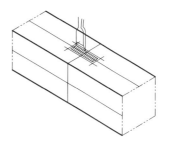

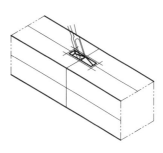

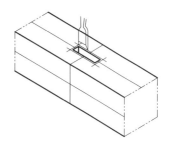

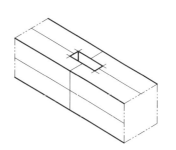

図4・7 ほぞ穴の加工

(4) ほぞの加工（図4・8）

・切り墨をのこぎりで切断した後，木口面に側面の心墨を回し，それより両側へそれぞれ45mmの位置にほぞ幅墨⑧⑨をつける。

・ほぞ厚み墨⑥をのこびきした後，胴付き墨⑦をのこびきする。その際，ほぞ部分にのこ目が入らないよう注意することが重要である。その後，ほぞ幅墨⑧⑨をのこびきする。ほぞ幅墨ののこびきでは墨の上からのこぎりを入れ，全長の2/3程度のところから胴付きにかけて墨を半分程度残す気持ちで加工すると，締まり勝手のよいほぞとなる。胴突き墨⑦ののこびきは，半分墨を残すようにする。ほぞの先端部分は，ほぞ穴に入りやすくするため，かんなまたはのみで面取りをおこなっておくとよい。

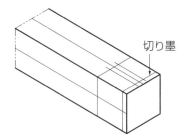

切り墨

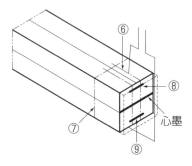

⑥
⑧
心墨
⑦
⑨

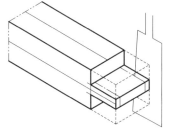

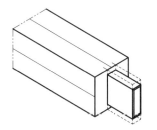

図4・8 ほぞの加工

4・2・2　小根ほぞ

　土台の隅角部をほぞで接合する場合，一般的な平ほぞを用いると，端あき距離（ほぞ穴と材端との距離）が短いため，力が加わった場合，ほぞ穴の材端側が破壊される恐れがある。小根ほぞは，平ほぞの一部を欠き取り，ほぞ幅を狭くしたもので，材端部の断面欠損を少なくし，強度の低下を抑える意味がある（図4・9）。ほぞ幅を狭くした突起部分を「小根」といい，根元の太い方を大根（おおね）という。ここでは材幅を120mmと仮定し，ほぞの寸法は平ほぞと同じ厚さ30mmである。幅については，根元の部分で60mm，小根の部分で45mmとした。

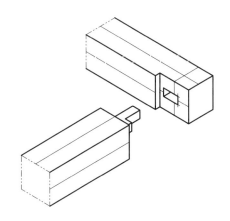
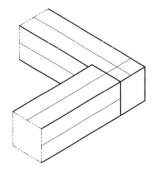

図4・9　小根ほぞ

(1)　ほぞ穴の墨付け（図4・10）

・切り墨を付け，切り墨より60㎜の位置に小根ほぞの心墨①を付ける。

・①の墨より材幅の半分60㎜の位置に，②の墨を付ける。

・ほぞ穴の心墨より45㎜離れた位置に，大入れの胴付き墨③を付ける。

・ほぞの心墨①を，手前側面④と向こう側面に回す。

・②の墨を，手前側面⑤と下端に回す。

・向こう側面に心墨①よりほぞ穴墨を付ける。寸法は幅45㎜，厚さ30㎜とする。

イ）墨付け位置

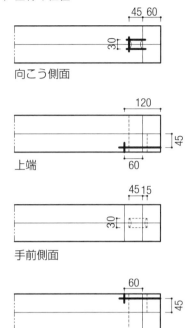

向こう側面

上端

手前側面

下端

ロ）手順

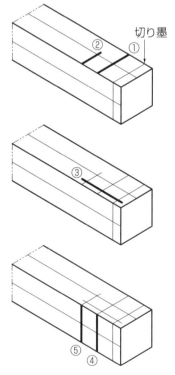

図4・10　小根ほぞ穴の墨付け

(2) **小根ほぞの墨付け**（図4・11）

・切り墨を付け，これをほぞ端部とする。

・切り墨より75mmの位置に，小根部分を示す⑥の墨を付ける。

・⑥の墨より45mmの位置に，胴付き墨⑦を付ける。墨⑥と⑦を手前側面⑧⑨および下端に回す。

・ほぞ厚墨⑩を手前側面と向こう側面につける。

(3) **小根ほぞ穴の加工**（図4・12）

・切り墨を切断した後，胴付き墨③をのこびきする。次に，⑤の墨をのこびきする。

・切断面にほぞの心墨を⑪を回し，ほぞ穴墨を付ける。寸法は幅60mm，厚さ30mmとする。

・手前側面から材成の半分までのみでほぞ穴（幅60mm，厚さ30mm）を掘り，向こう側面から材成の半分までのみでほぞ穴（幅45mm，厚さ30mm）を掘る。

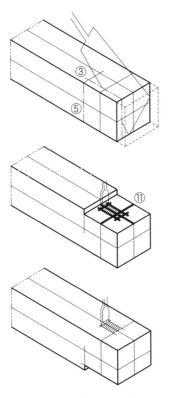

図4・12 小根ほぞ穴の加工

イ）墨付け位置

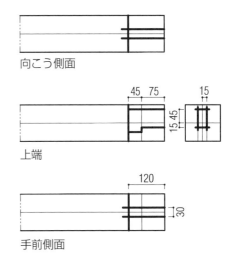

向こう側面

上端

手前側面

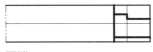

下端

ロ）手順

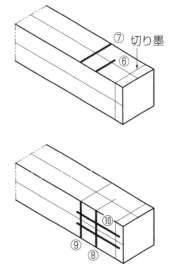

図4・11 小根ほぞの墨付け

⑷　**小根ほぞの加工**（図4・13）

・蟻頭墨（切り墨）を切断した後，木口面に
　各墨を付ける。

・ほぞ厚墨⑩を胴付き面までのこびきした後，
　胴付き墨⑦をのこびきし，まず平ほぞの形
　状とする。

・ほぞ幅墨（60㎜）をのこびきした後，胴付
　き墨⑨をのこびきして，幅60㎜の平ほぞと
　する。

・ほぞ先端の小根部分のほぞ幅墨（45㎜）を
　のこびきした後，小根位置墨（直交心墨）
　をのこびきする。

・組み合わせた際，ほぞ穴とほぞ　の小根部
　分が先に接触して，胴付き部分に空きがで
　ないように穴をやや深めに掘るとよい。

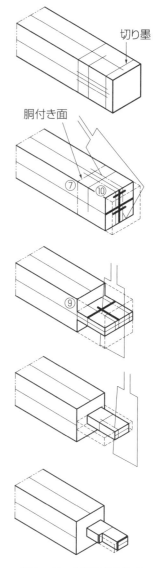

図4・13　小根ほぞの加工

4・2・3　重ねほぞ

　重ねほぞは，大小2つのほぞが重なり合うもので，桁と梁が重なっている部分を柱が下から両部材ともに貫く場合のほぞなどに用いられている。一般的には，下の横架材部分が平ほぞの寸法で，上の横架材に突き通した部分は，ほぞの断面が正方形の角ほぞとなる（図4・14）。

　ここでは，渡りあごとの取合いを示す。横架材と柱材は，ともに材幅を120mmとした。渡りあご部分の2部材の納め方は一様ではないが，ここでは，下木部分に15mmの欠取り部分を設けた（図4・15）。重ねほぞの長さは，幅の広い部分を100mm，角ほぞ部分を90mm，計190mmとし，ほぞ先端が上木より10mm 突出する納まりとしている。

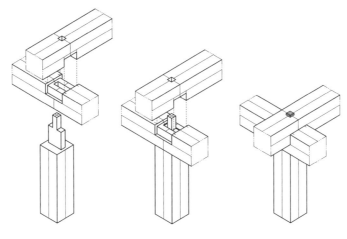

図4・14　重ねほぞ

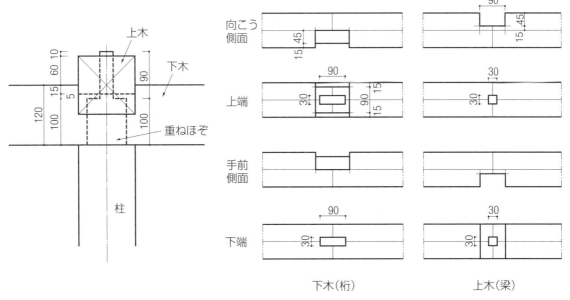

下木(桁)　　　　　　　上木(梁)

図4・15　重ねほぞと渡りあご

(1) **墨付け**（図4・16）

・上端に切り墨を付け，これをほぞ先端位置
とする。これより角ほぞ部分の長さ90mmを
測り，墨①を付ける。墨①より平ほぞ部分
の長さ100mmを測り，胴付き墨②を付ける。
この時，重ねほぞの平ほぞ部分の長さが穴
深さより大きくなると，渡りあご部分の上
木下部に接触してしまうので，注意が必要
である。ここでは5mm程度のクリアランス
が得られるようにしている。

・上端の心墨にさしがねを合わせ，さしがね
幅を利用してほぞ厚墨③を付ける。

・切り墨，①，②の各墨を手前側面に④⑤と
して回す。

・手前側面に心墨をつけるとともに，平ほぞ
の幅墨⑥を心墨から45mm両側に振り分けて
付ける。

・向こう側面と下端に同じ要領で各墨を付け
る。

イ）墨付け位置

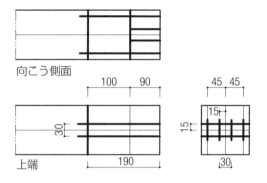

向こう側面

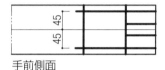

上端

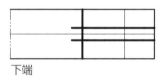

手前側面

下端

ロ）手順

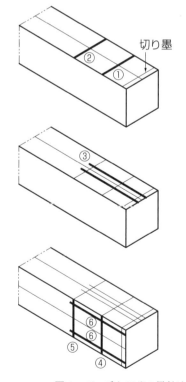

図4・16 重ねほぞの墨付け

(2) **加 工**（図 4・17）

・切り墨をのこぎりで切断した後，木口面に心墨とほぞ厚さ墨⑦を回すとともに，ほぞ幅墨⑧⑨（30mm，90mm）を付ける。

・ほぞ厚墨をのこびき後，胴付き墨を墨半分残してのこびきする。

・切断面にほぞの段差部分の墨④や木口面の各ほぞ幅墨を回して付ける。

・手順としては，始めに角ほぞ部分を加工し，後に平ほぞ部分の加工を行う。

・最後に，角ほぞと平ほぞ部分の角をのみ等で面を取っておくとスムーズに組み合わせることができる。

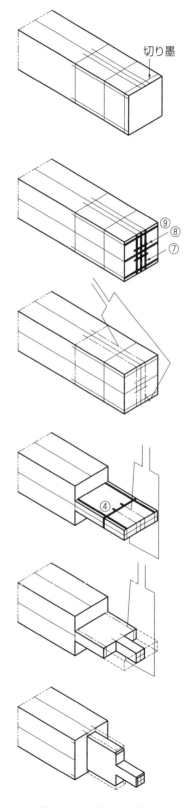

図 4・17 重ねほぞの加工

4・2・4　扇　ほ　ぞ

　扇ほぞは，断面が台形となっているほぞである。主に，隅柱の土台との取合いに用いられる（図4・18）。材端部のほぞ穴の端あき（端からの距離）が少ない場合，大きな力が加わるとほぞの端抜けがが生じやすくなる。扇ほぞのように，ほぞ断面を台形にすると，ほぞ穴の側面が土台の繊維方向とは若干の角度をもつため，ほぞ穴の端抜けが起こりにくい効果を持つ。ここでは材幅を120㎜として，扇ほぞの寸法を，幅45㎜，扇形状の広がった部分を48㎜，狭い部分を30㎜，長さ60㎜とした。

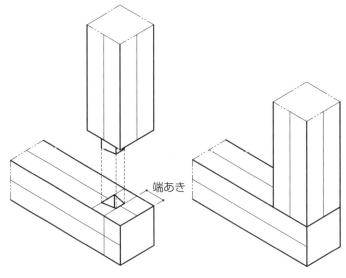

図4・18　扇ほぞ

(1)　扇ほぞ穴の墨付け（図4・19）

・上端に切り墨を付け，切り墨より60mmの位置に柱の直交方向の心墨①を付ける。

・心墨①を扇ほぞの外面とし，ここから幅墨②を45mmの位置に付ける。

・扇ほぞの形状を示す墨③④を付ける。扇形の方向については，幅が広い方を木口（端部）側に持ってこないように注意する。

・柱の心墨①を手前側面⑤と向こう側面に回す。

イ）墨付け位置

向こう側面

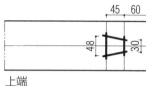

上端

手前側面

下端

ロ）手順

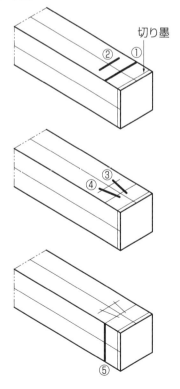

図4・19　扇ほぞ穴の墨付け

⑵　**扇ほぞの墨付け**（図4・20）

・切り墨を付け，これをほぞの先端位置とする。これよりほぞ長さ60mmを測り，胴付き墨⑥を付ける。

・手前側面に切り墨と胴付き墨⑥を回し，心墨より扇形状の広がっている側へ45mmの位置にほぞ墨⑧を付ける。

⑶　**扇ほぞ穴の加工**（図4・21）

・扇ほぞのほぞ穴の加工手順は，まず平ほぞと同様に幅45mm，厚さ30mmの矩形の穴を掘る。

・扇形状の残った部分をていねいにのみで削り，仕上げる。

・ほぞ穴の深さは，ほぞ先端が接触しないように，ほぞ長さより10mm程度深くなるようにするとよい。

イ）墨付け位置

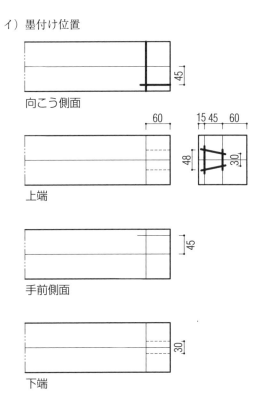

向こう側面

上端

手前側面

下端

ロ）手順

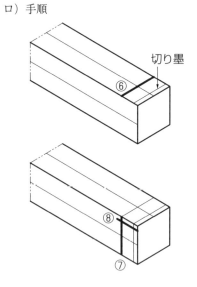

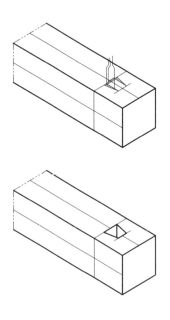

図4・21　扇ほぞ穴の加工

図4・20　扇ほぞの墨付け

(4) **扇ほぞの加工**（図 4・22）

・切り墨をのこぎりで切断した後，木口面に
　心墨⑨，ほぞ幅墨⑩，ほぞ厚み墨⑪⑫を付
　ける。

・心墨⑨，ほぞ幅墨⑩，胴付き墨⑥をのこび
　きし，45mm幅の平ほぞ形状とする。

・切断面にほぞ厚み墨⑬⑭を回し，扇形状の
　ほぞ厚み墨，胴付き墨をのこびきして仕上
　げる。

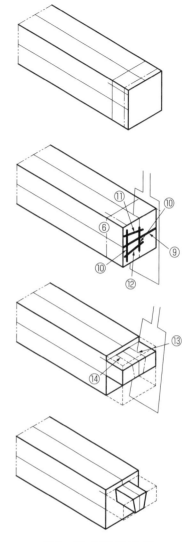

図 4・22 扇ほぞの加工

4・2・5　大入れ蟻<ruby>蟻<rt>あり</rt></ruby>掛け

　大入れ蟻掛けは，梁や土台のT字部や十字部
の取り合いでよく用いられる（図4・23）。仕
口位置に柱のほぞ穴があり，両面に大入れ蟻掛
け仕口がある場合には，ほぞ穴側の材の断面欠
損が大きくなることに注意する必要がある。こ
こでは，材幅を120mmとし，蟻頭幅46mm，根元
幅30mm，蟻長さ30mmとした。

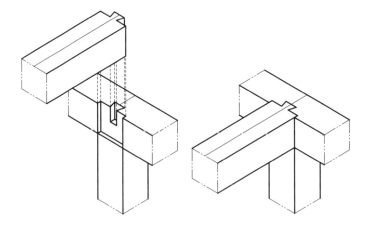

図4・23　大入れ蟻掛け

(1)　下木の墨付け（図4・24）

・上面に上木の心墨①を付ける。

・上木の心墨①より60mm左右に振り分けた位
　置に，上木の材幅墨②を付ける。

・下木の心墨より45mmの位置に，上木の胴付
　き墨③を，材幅よりやや大きく付ける。

・胴付き墨③より蟻長さ30mmを測り，蟻頭墨
　④を付ける。

・蟻頭墨④における蟻幅46mm，胴付き墨③に
　おける蟻幅30mmを，心墨①から左右に振り
　分けて測り，蟻幅墨⑤⑥として墨を付ける。

・手前側面に上木の材幅墨⑦⑧，上木の心墨
　⑨を回す。

・下端にも上端同様に上木の材幅墨と胴付き
　墨を付ける。

イ）墨付け位置

ロ）手順

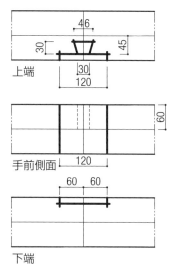

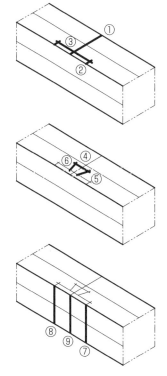

図4・24　大入れ蟻掛けの下木の墨付け

(2)　**上木の墨付け**（図4・25）

・上端で下木の心墨から45mmの位置に胴付き墨⑩を付け，これより**蟻長さ30mm**を測り，**蟻頭墨**（切り墨）とする。

・下木と同様に，**蟻頭幅46mm**，**根元幅30mm**を，心墨から左右に振り分けて測り，**蟻幅墨**⑪⑫を付ける。

・手前側面に蟻頭墨（切り墨），胴付き墨⑬を回す。

・向こう側面に手前側面と同じ要領で各墨を付ける。

イ）墨付け位置

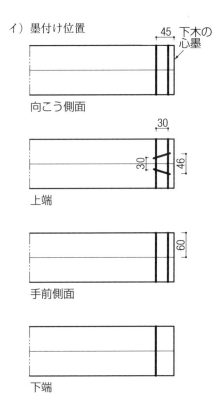

ロ）手順

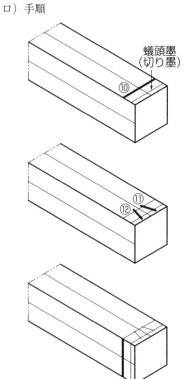

図4・25　大入れ蟻掛けの上木の墨付け

(3) **下木の加工**（図4・26）

・上木の材幅墨⑦⑧をのこびきした後，図の
斜線部をのみで欠き取る。その際，欠き取
る部分に胴付き墨③までのこびきを何本か
入れておくと欠き取りやすい。

・蟻根元幅墨を胴付き面に回し，蟻高さ
（60mm）を測り蟻下端墨⑭を付けた後，蟻
墨をのこびきする。

・図の斜線部の蟻部を欠き取る。その際，蟻
幅の墨線を残すようにしてのこびきし，入
り勝手を付けてのみで欠き取る。

　入り勝手とは，上下方向に滑らせて納め
る仕口の場合，上端幅より下端幅がやや狭
くなるように加工することである。

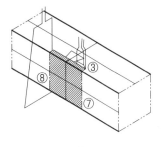

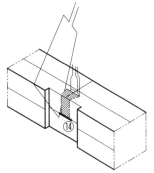

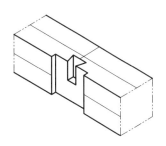

図4・26 大入れ蟻掛けの下木の加工

(4)　**上木の加工**（図4・27）

・蟻頭墨（切り墨）を払うようにのこぎりで
　切断した後，木口面に蟻高さ（60mm）を測
　り，蟻下端墨⑮を付ける。

・蟻下端墨⑮と下端胴付き墨⑬をのこびきし，
　上半分を残す。

・蟻の部分は，上端は墨を残すように，下端
　は墨をまたぐように，入り勝手を付けての
　こびきする。

・上端胴付き墨⑩をのこびきし，蟻下端を面
　取りして仕上げる。

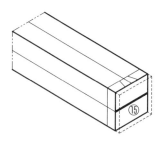

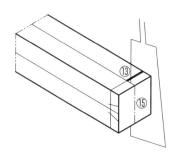

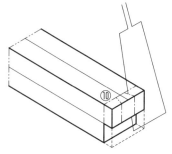

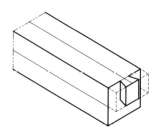

図4・27　大入れ蟻掛けの上木の加工

4・2・6 かぶと蟻掛け

かぶと蟻掛は，桁上に小屋梁を架ける京呂組に用いられる仕口である。大入れ蟻掛けと異なり，梁上端が桁上端より高くなり，その部位が桁上にのせ掛かる形状（この部分をかぶとという）となっているため，より大きな荷重にも耐えられる（図4・28）。ここでは，桁・梁とも120mm×120mmの材を用い，梁成の1/2より下側を蟻，上側をかぶととして心より45mm長くしてのせ掛けるものとした。蟻部分の寸法は蟻頭幅46mm，根元幅30mm，蟻長さ30mmとした。

(1) 桁の墨付け（図4・29）

・上端に梁の心墨①を付け，これより左右60mmの位置に梁幅墨②③を付ける。

・桁心墨より45mmの位置に，梁の胴付き墨④を，材幅よりやや大きく付ける。

・胴付き墨④より蟻長さ30mmを測り，蟻頭墨⑤を付ける。

・蟻頭墨⑤における蟻幅46mm，胴付き墨④における蟻幅30mmを，心墨①から左右に振り分けて測り，蟻幅墨⑥⑦として墨を付ける。

・手前側面に上木の材幅墨②③を側面に回し，墨⑧⑨を心墨まで付ける。上木の心墨①も同様に側面に回し，墨を付ける。

イ）墨付け位置

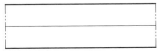

向こう側面

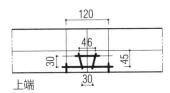

上端

手前側面

下端

ロ）手順

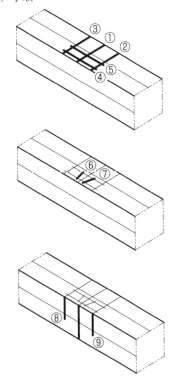

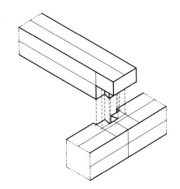
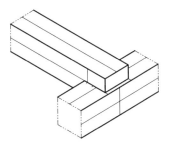

図4・28 かぶと蟻掛け

図4・29 かぶと蟻下木（桁）の墨付け

(2)　梁の墨付け（図4・30）

- 切り墨を付け，これより60mmの位置に蟻頭墨⑩を付ける。
- 蟻頭墨⑩より蟻幅30mmを測り，胴付き墨⑪をつける。
- 蟻頭墨⑩おける蟻幅46mm，胴付き墨⑪における蟻幅30mmを，心墨から左右に振り分けて測り，蟻幅墨⑫⑬として墨をつける。
- 手前側面に，蟻頭墨⑭，胴付き墨⑮をまわす。
- 向こう側面に，手前側面と同じ要領で各墨を付ける。

イ）墨付け位置

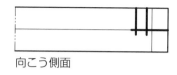

向こう側面

上端

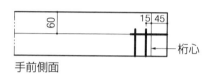

手前側面

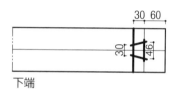

下端

ロ）手順

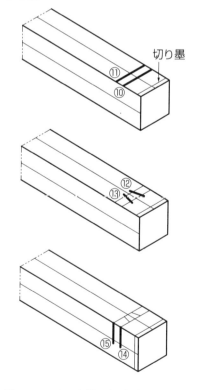

図4・30　かぶと蟻上木（梁）の墨付け

(3)　**桁の加工**（図4・31）

・梁の材幅墨⑧⑨を，胴付き墨④まで斜めに
　のこびきする。

・図の墨④⑧⑨と側面の心墨で囲まれた斜線
　部分をのみで欠き取る。

・胴付き面に蟻幅墨⑥⑦を回し，蟻幅墨をの
　こびきする。その際，蟻幅の墨線を残すよ
　うにしてのこびきし，入り勝手を付けての
　みで欠き取る。

・蟻頭墨は1mm程度多めに欠き取った方が，
　胴付き部分が一致しやすい。

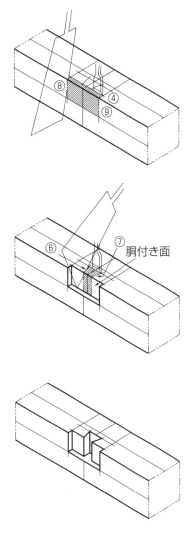

図4・31　かぶと蟻下木（桁）の加工

⑷　**梁の加工**（図4・32）

・切り墨をのこぎりで切断した後，木口面に
　心墨を回し，蟻頭墨⑩までのこびきする。

・蟻頭墨⑩を払うように，側面心墨までのこ
　びきする。

・蟻墨⑫⑬，胴付き墨⑮，側面心墨にのこ目
　を入れ，図の斜線部をのみで欠き取る。こ
　の際，蟻にのこ目が入らないように注意す
　ること。蟻墨をのこびきする際は桁と同様
　に入り勝手を付ける。

・蟻下端の角の部分をを面取りしておくと，
　滑らかに接合しやすい。

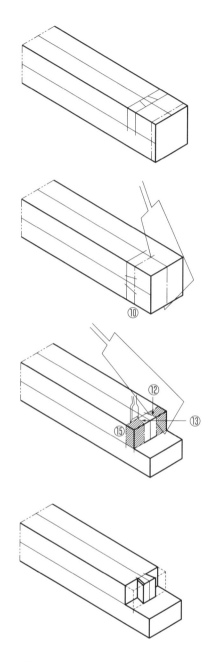

図4・32　かぶと蟻上木（梁）の加工

4・2・7　渡りあご掛け

渡りあご掛けは，水平に直交する2材を，高さを変えて接合する時に使われる仕口である。主に，床梁と根太，（軒）桁と（小屋）梁などに用いられている（図4・33）。

ここでは，材を120mm角とし，下木の欠き込み量は上端から15mm，両側面から15mm，上木の欠込み量は下端から45mmとした。

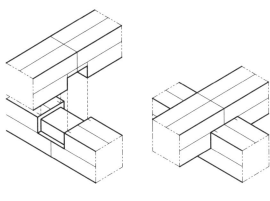

図4・33　渡りあご掛け

イ）墨付け位置

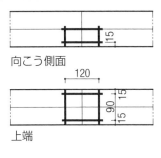

向こう側面

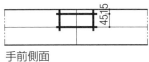

上端

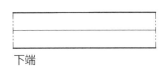

手前側面

下端

ロ）手順

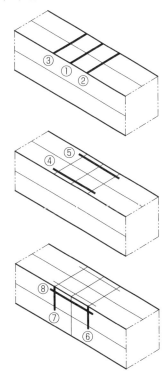

(1)　下木の墨付け（図4・34）

・上端に上木の心墨①を付け，これより左右に振り分けて60mmの位置に上木の材幅墨②③を付ける。

・上端の心墨から左右に振り分けて45mmを測り，2部材のかみ合わせる部分の幅墨④⑤を付ける。

・手前側面に上木の材幅墨②③を回し，墨⑥⑦を付けるとともに，欠込み高さ位置墨⑧を側面心墨より45mmの位置に付ける。

・向こう側面にも，手前側面と同じ要領で各墨をつける。

図4・34　渡りあご掛けの下木の墨付け

⑵　**上木の墨付け**（図4・35）

・下端に下木の心墨⑨を付け，これより左右
　に振り分けて45mmの位置に2部材のかみ合
　わせ部分の幅墨⑩⑪を付ける。

・手前側面に下木の材幅墨⑩⑪と下木の心墨
　⑨を回して，墨⑫⑬⑭を付け，欠込み高さ
　位置墨⑮を下端より45mmの位置に付ける。

イ）墨付け位置

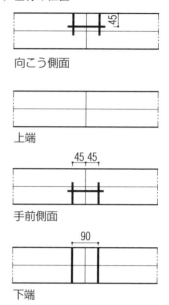

向こう側面

上端

手前側面

下端

ロ）手順

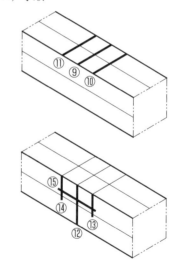

図4・35　渡りあご掛けの上木の墨付け

(3) **下木の加工**（図4・36）

・上木の材幅墨②③を，墨⑧までのこびきした後，手前側面の心墨まで斜めにのこ目を入れる。

・幅墨④⑤上にのみを入れ，墨を取るように図の斜線部を欠き取る。墨⑧は加工すると消えるので，欠き取った面に墨を入れ，この部分をのみで欠き取って仕上げる。

(4) **上木の加工**（図4・37）

・下木の墨⑩⑪を，墨⑮までのこびきする。

・のみで，図の斜線部を両側面から欠き取る。この際，欠き取る部分に何本かのこ目を入れておくと，欠き取りやすい。

・欠き取った角の部分を面取りする。これは，下木と上木の組み合わせを容易にするためである。

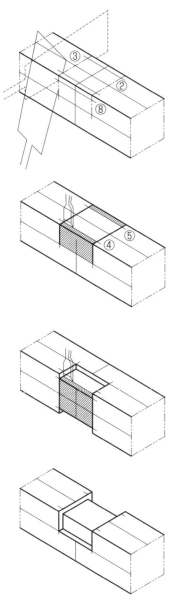

図4・36 渡りあご掛けの下木の加工

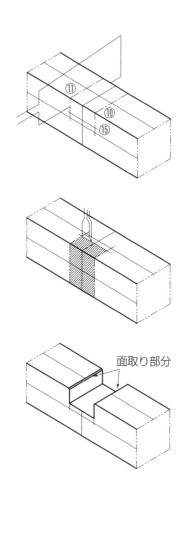

図4・37 渡りあご掛けの上木の加工

4・2・8　下端留め目違い入れ

　下端留め目違い入れは，和室の造作である回り縁や長押に用いられる仕口であり，部屋側から見える回り縁の下面を留めに，側面に縦目違いを入れた形状となっている（図4・38）。ここでは，45㎜×45㎜の材を用い，留め部分の厚みを9㎜，縦目違いの幅・長さを9㎜としている。また，墨付け加工手順をわかりやすく示すため，上面を網掛けして示している。

　回り縁の組み方の例を，図4・39に示す。図中の番号は，組む順番を表わしている。1番目に組み込む材は両端の仕口を**女木**（ﾒ_き）・女木に加工したものであるのに対し，4番目に組む材は**男木**（ｵ_き）・男木となっている。これは，回り縁を組んで行く工程で，受ける部分が女木である方がスムーズに作業が進められることと，最後に組み合わせる部分については，男木が最後に受け材になると組むことが難しいことがその理由である。回り縁と柱の納まり詳細は，図4・40に示す。造作材の墨付けでは，鉛筆，シャープペンシル等を用い，見え掛かりとなる面には，余計な墨をつけないように注意する。

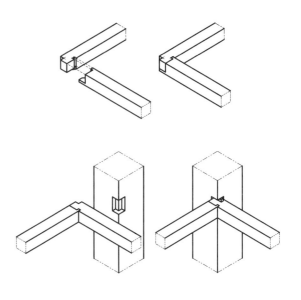

図4・38　下端留め目違い入れ

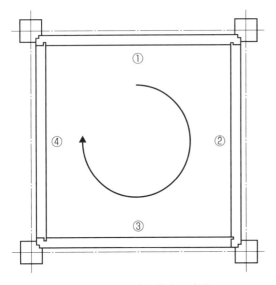

図4・39　回り縁の組立て手順

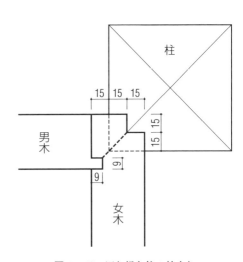

図4・40　回り縁と柱の納まり

(1) 男木の墨付け（図4・41）

- 上端に切り墨を付け，これより30mmの位置に墨①を付ける。この際，材幅一杯に墨を付けない。墨①より材端方向へ9mmを取り，目違い長さ墨②を付ける。

- 上端に手前側面より9mmを取り，目違い幅墨③を付ける。

- 手前側面に切り墨と，墨②を回し，墨④とする。墨④より9mmの位置へ墨⑤を付ける。この際，④⑤の墨は材幅一杯に墨を付けない。

- 手前側面の下面より9mmの位置に，下端留め部分の厚み墨⑥を付ける。

- 向こう側面に切り墨と墨①を回す。墨①は材幅一杯に墨を付けない。

- 向こう側面の下面より9mmの位置に，下端留め部分の厚み墨⑧を付ける。

- 下端に切り墨を回し，向こう側面よりさしがね幅（15mm）を利用して墨⑨を付ける。

- 下端に切り墨と墨⑨の交点および手前側面の墨⑤を結び，留め墨⑩（45°方向）を付ける。

イ）墨付け位置

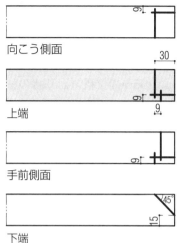

ロ）手順

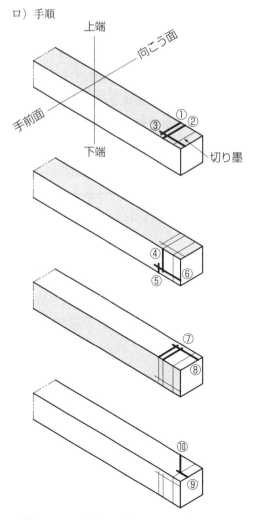

図4・41 下端留め目違い入れの男木の墨付け

(2)　女木の墨付け（図4・42）

・上端に切り墨を付け，さしがね幅（15mm）を利用して墨⑪を付ける。手前側面よりさしがね幅（15mm）を利用して墨⑫を付ける。

・切り墨より45mmの位置（回り縁の材幅）に墨を付け，これより材端方向へ9mmの位置に目違い幅墨を付ける。この二本を墨⑬とする。墨⑬は材幅一杯に墨を付けない。向こう側面より9mmの位置に目違い長さ墨⑭を付ける。

・手前側面に切り墨⑪を回し，墨⑮とする。

・向こう側面に，目違い幅墨⑬を回す。この際，材短側の墨は材幅一杯に墨を付けない。

・向こう側面に，下面より9mmの位置に留め厚さ墨⑯を付ける。上面の目違い幅墨⑬を向こう側面に回し，墨⑰とする。

・下端に切り墨と墨⑮を回して墨⑱とし，手前側面よりさしがね幅（15mm）を利用して，墨⑲を付ける。

・墨⑱と⑲の交点と目違い幅墨⑰の内側の墨を結び，留め墨⑳を付ける。

イ）墨付け位置

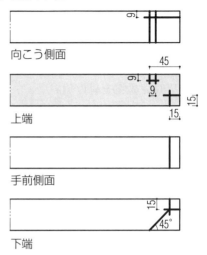

向こう側面

上端

手前側面

下端

ロ）手順

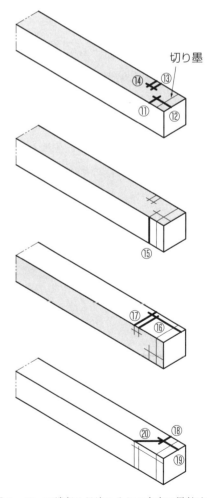

図4・42　下端留め目違い入れの女木の墨付け

(3)　**男木の加工**（図 4・43）

・切り墨をのこぎりで切断した後，木口面で
　下端留め部分の厚み墨⑥と⑧を結ぶ。

・下端留め部分の厚み9mmを残すように厚み
　墨⑥⑧をのこびきする。この際，目違い部
　分にのこ目が入らないように注意する。

・目違い長さ墨②をのこびきする。

・墨①と③の部分にのこ目を入れた後，図の
　斜線部をのみで欠き取り，目違いを作る。

・留め墨⑩と⑤の墨をのこびきし，下端留め
　を完成させる。

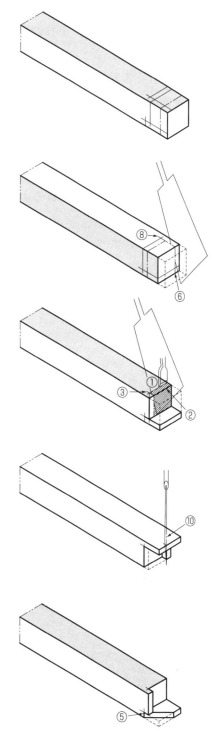

図 4・43　下端留め目違い入れの男木の加工

(4)　**女木の加工**（4・44）

・切り墨を鋸で切断した後，墨⑪の⑫をのこ
　びきする。

・墨⑬にのこ目を入れた後，のみで欠き取り，
　目違いを作る。のこ目は，下端留めの厚み
　墨⑯より下に入れすぎないように注意する
　必要がある。

・留め厚み墨⑯をのこびきした後，下面の留
　め墨⑳をのこびきし，留めを作る。

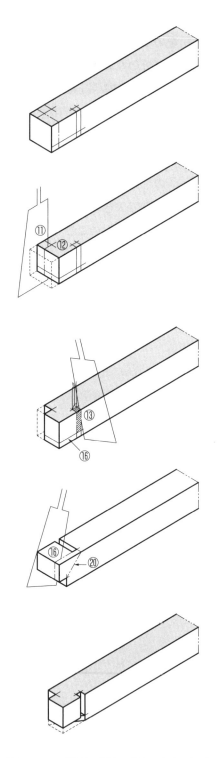

図4・44　下端留め目違い入れの女木の加工

4・3 継 手

4・3・1 腰掛け蟻継ぎ

　蟻は先が広がった形（鳩尾形）のことであり，蟻を用いた接合部には，継手としての腰掛け蟻継ぎ（図4・45）の他，仕口として大入れ蟻掛けやかぶと蟻掛けなどがある。蟻は，引張りに対して蟻穴が開きやすいため，引張り強度は鎌よりも弱く，土台の継手等に用いられる。蟻の寸法は，一般に，蟻首幅は30㎜，蟻頭幅は材幅の1/2程度，蟻長さは材幅の1/2程度である。ここでは，材幅を120㎜と仮定して，蟻首幅30㎜，蟻頭幅48㎜，蟻長さ60㎜とする。

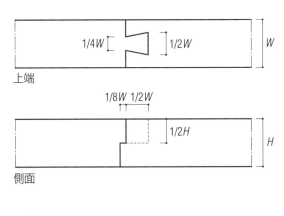

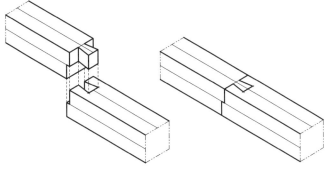

図4・45　腰掛け蟻継ぎ

(1)　下木の墨付け（図4・46）

・上端に切り墨を引き，これを下端胴付き位置とする。

・切り墨にさしがねを合わせ，さしがねの幅（15mm）を利用して，上端胴付き墨①を付け，ここより蟻長さ（60mm）を計り，蟻頭墨②を付ける。

・蟻頭位置に，蟻頭幅墨（48mm）をつけた後，さしがね幅（15mm）を利用して，心墨より左右に振り分け，蟻の幅墨③を付ける。

・手前側面に，上端胴付き墨④と下端胴付き墨（切り墨）を回す。

・向こう側面に，手前側面と同じ要領で各墨を付ける。

・下端に，胴付き墨を回す。

イ）墨付け位置

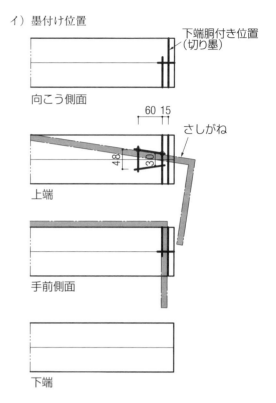

ロ）手順

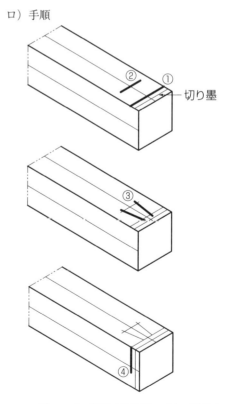

図4・46　腰掛け蟻継ぎの下木の墨付け

(2)　**上木の墨付け**（図4・47）

・上端に切り墨を引き，これを蟻頭位置墨とする。ここより，蟻長さ（60mm）を測り，上端胴付き墨⑤を付ける。

・蟻頭位置に蟻頭幅墨を付けた後，さしがね幅を利用して，蟻の幅墨⑥を付ける。

・手前側面に，蟻頭墨（切り墨），上端胴付き墨⑦を回すとともに，さしがねの幅（15mm）を利用して下端胴付き墨⑧を付ける。

・向こう側面に手前側面と同じ要領で各墨を付ける。

・下端に，胴付き墨を回す。

・加工位置を誤らないようにするため，墨付けにおいては，材幅一杯に線を引かない箇所があることに注意する。例えば，下木の蟻頭墨②，上端胴付き墨④，下端胴付き墨⑧などである。また，各墨が交差する部分は，墨をやや長めに引いておくと，加工位置がわかりやすい。

イ）墨付け位置

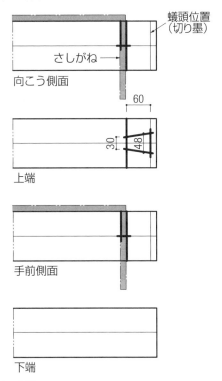

ロ）手順

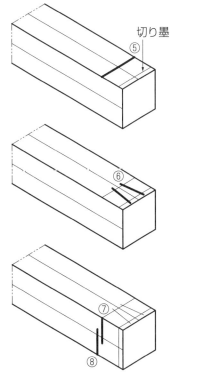

図4・47　腰掛け蟻継ぎの上木の墨付け

(3)　下木の加工（図4・48）

・切り墨（下端胴付き）をのこぎりで切断した後，木口面に腰掛け墨⑨を付ける。

・上端胴付き墨①と腰掛け墨⑨をのこびきし，切断した木口上面に蟻幅墨⑩を付ける。

・長さの基準となる墨は，上端胴付き墨なので，下端胴付き墨は，墨を払うように加工してよい。

・蟻幅墨③⑩をのこびきする。のこびきする際には，入り勝手を考慮し，上端は墨を残すように，下端は墨をまたいでとるようにすると，滑らかに接合することができる。

・ありの部分をのみで加工する。胴付き側からのみを差して木片を欠き取る際は，刃先を固定し，のみの柄を起こすように使用する。蟻頭の部分は，墨②より1mm程度多めに取り，余裕をもたせておくと，上端胴付き部分を正確に接合できる。

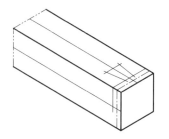

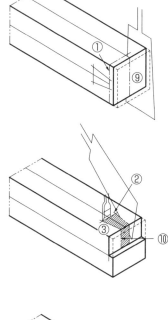

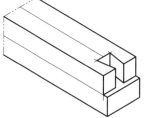

図4・48　腰掛け蟻継ぎの下木の加工

⑷　**上木の加工**（図4・49）

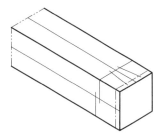

・切り墨（蟻頭）をのこぎりで切断した後，
　木口面に蟻下端墨⑪（腰掛け墨）を付ける。

・蟻下端墨⑪と下端胴付き墨⑧をのこびきし，
　切断したあり下端面と木口面に蟻幅墨⑫を
　付ける。

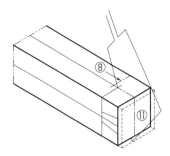

・蟻幅墨⑥⑫をのこびきする。のこびきする
　際には，下木と同様に，入り勝手を考慮し，
　上面は墨を残すように，下面は墨をまたい
　で加工するとよい。

・蟻の根元で墨よりのこぎりを切り込み過ぎ
　ないように注意して，上端胴付き墨⑦をの
　こびきする。

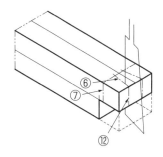

・滑らかに結合させるために，蟻下端角の面
　取りを行う。

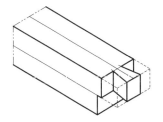

図4・49　腰掛け蟻継ぎの上木の加工

4・3・2　腰掛け鎌継ぎ

　鎌は木材の先端部が台形に広がった形状の部分のことであり，古くは先端部が台形でなく矩形のものもあった（古代鎌）。一般的な腰掛け鎌継ぎに縦目違いを付加した腰入れ目違い鎌継ぎなどもある。鎌は蟻と異なり，あご（引っかかり面）を持つため，引張り強度は蟻よりも大きいが，加工に手間がかかる。あごの部分は通常，しまり勝ってとするため深さの1/10程度のすべり勾配を設けるのが一般的である。土台

や桁等の横架材における継手などに用いられる。鎌の寸法は，一般に鎌首幅が材幅の1/4程度，鎌長さは材幅の1〜5/4程度である。鎌頭の形状は，先端が鎌首幅と同じであるが，接触面は鎌首の両脇に材幅の1/16程度のあごを設ける（図4・50）。ここでは，材幅を120mmと仮定して，鎌首幅は30mm，鎌頭幅は先端で30mm・接触面で45mm，すべり勾配幅を6mm，鎌長さを150mmとした。

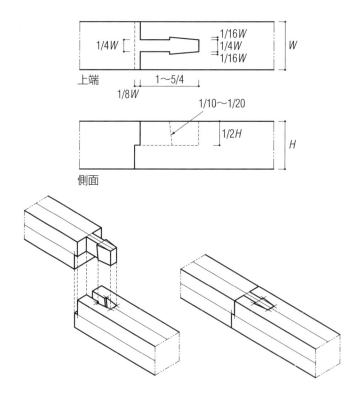

図4・50　腰掛け鎌継ぎ

(1)　下木の墨付け（図4・51）

・上端に切り墨を引き，これを下端胴付き位置とする。

・切り墨にさしがねを合わせ，さしがね幅（15mm）を利用して，上端胴付き墨①を付け，ここより鎌長さ（150mm）を計り，あご位置墨②，すべり勾配墨③，鎌頭墨④を付ける。腰掛胴付き以外の墨は，加工間違いをしないようにするため，材幅一杯に線を引かない方がよい。

・さしがね幅（15mm）を利用して，心墨より左右に振り分けて鎌首幅墨⑤を付ける。鎌首幅墨は鎌頭位置まで引いておく。

・台形となっている鎌頭の幅墨⑥は図イ）に示すように，さしがねを斜めに使用して付ける。

・手前側面と向こう側面に，切り墨と上端胴付き墨を回す。

・下端に，切り墨を回す。

・鎌首の幅墨，鎌頭墨，胴付き墨などについてさしがねの幅を利用して墨を引く場合，幅が15mmとは若干異なる部分もあるが，上木・下木とも同様の方法で墨付けをすれば支障は生じない。

イ）墨付け位置

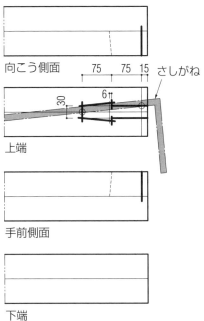

ロ）手順

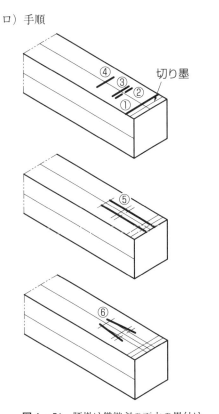

図4・51　腰掛け鎌継ぎの下木の墨付け

(2)　上木の墨付け（図4・52）

・上端に切り墨を付け，これを鎌頭位置とする。

・ここより，鎌長さ（150mm）を計り，あご位置墨⑦，上端胴付き墨⑧を付ける。

・上端にさしがねの幅を利用して，鎌首の幅墨⑨を胴付きから鎌頭まで引く。

・下木と同様に上端にさしがねの斜めに使用して鎌頭の幅⑩を引く。

・上端胴付き墨⑪，切り墨を手前側面と向こう側面に回す。その際，同時にさしがね幅を利用して，下端胴付き墨⑪を付ける。

・下端に，下端胴付き墨⑫と切り墨を回す。

イ）墨付け位置

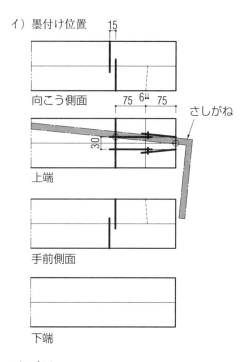

向こう側面

上端

手前側面

下端

ロ）手順

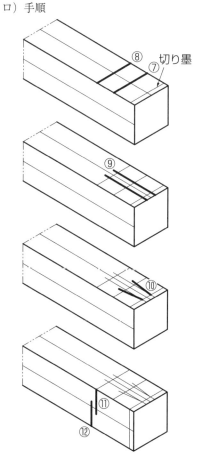

図4・52　腰掛け鎌継ぎの上木の墨付け

(3)　**下木の加工**（図4・53）

・下端胴付き（切り墨）をのこぎりで切断した後，木口面に腰掛墨⑬を付ける。腰掛け蟻継ぎと同様に，上端胴付墨が，長さの基準となるので，下端胴付墨は，墨を払うように切断するとよい。

・上端胴付き墨①，腰掛墨⑬をのこびきし，切断した木口上面に鎌首幅墨⑭を付ける。

・鎌首幅墨⑤⑭を鎌頭位置まで，のこびきする。

・鎌首幅で鎌長さ全長に渡って，のみで欠きとる。この時，さしがねで深さ（材成の半分）を測りながら，鎌首の底部をのみで平らにする。なお，鎌頭の部分は，墨④より1mm程度多めに取り，余裕をもたせておくと，胴付き部分を正確に接合できる。

・すべり勾配墨③を垂直に下ろし，あご墨②と鎌首の底部で交わらせる。

・鎌頭の台形部分を，すべり勾配に注意してのみで欠き取る。

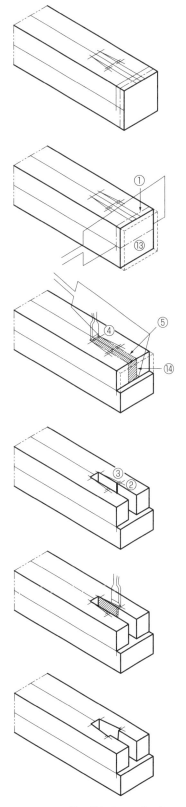

図4・53　腰掛け鎌継ぎの下木の加工

⑷　**上木の加工**（図4・54）

・切り墨（鎌頭）をのこぎりで切断した後，木口面に鎌下端墨⑮を付ける。

・鎌下端墨⑮と下端胴付き墨⑫をのこびきし，切断した鎌下端面に鎌幅墨，鎌頭墨を引く。切り離した材は，鎌首をのみで欠き取る際に，台として使用するので，取っておく。

・鎌頭の幅墨⑩と上端胴付き墨⑧を，のこびきする。縦引きは上端胴付き墨より切り込み過ぎないように注意する。

・あご位置墨⑦より木口方向に6mm測り，これをすべり勾配として，鎌側面にすべり勾配墨⑯を引く。

・鎌首側面の胴付きとすべり勾配墨の位置にのこ目を入れる。

・図の斜線部分をのみで欠き取る。欠き取り作業をする際は，作業馬をなるべく鎌首の真下に設置する方が，安定するので，前の作業で切り取った材を木片を鎌首の下に添えるとよい。

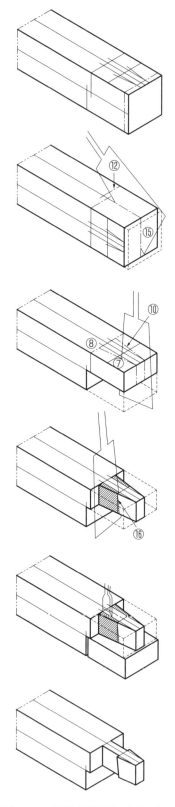

図4・54　腰掛け鎌継ぎの上木の加工

4・3・3　追掛け大栓継ぎ

追掛け大栓継ぎは，今日では腰掛け蟻継ぎや腰掛け鎌継ぎなどとともに，軸組材の継手として日常的に使われている。追掛大栓継ぎの引掛かり（あご）には，**すべり勾配**と呼ばれる傾きが付けられている。これは，建て方時の組込みを容易にするという意図と，二部材を引き付けて胴付き面を密着させるという効果がある。

追掛け大栓継ぎは，下木と上木の形状の違いはすべり勾配の傾きだけである。したがって，

ここでは主として下木について解説し，上木については，下木と手順の異なる点のみ記述する。追掛け大栓継ぎの寸法は，長さが材幅の2.5〜3程度，目違い幅，あご幅およびすべり勾配は材幅の1/8程度である。（図4・55）。

ここでは，材幅を120㎜仮定して，長さを300㎜，目違い幅およびあご幅をさしがね幅（15㎜），すべり勾配を16㎜（片側で8㎜）とした。大栓の墨付けについては，省略している。

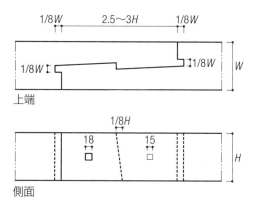

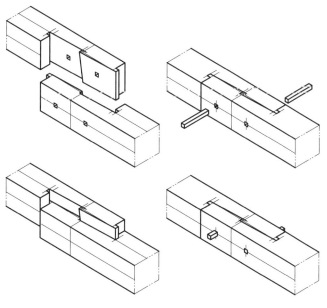

図4・55　追掛け大栓継ぎ

⑴　**下木の墨付け**（図4・56 a，b）

・上端に切り墨を引き，これを目違い墨とし，これよりさしがね幅（15㎜）を利用して胴付き墨①を引く。

・胴付き墨①より150㎜の位置に継手心墨②を，300㎜の位置に胴付き墨③を付ける。加工間違いをしないようにするため，材幅一杯に線を引かないこと。

・胴付き墨③にさしがねを合わせ，さしがね幅（15㎜）を利用して目違い墨④を付ける。

・図4・55に示すように，上端にさしがねをあて，さしがねの幅を利用して，斜め墨⑤と目違い墨⑥を付ける。

・継手心墨②より材端方向8㎜の位置にすべり勾配墨⑦を付ける（上木では，すべり勾配墨は材端方向ではなく，材元方向の位置につける）。

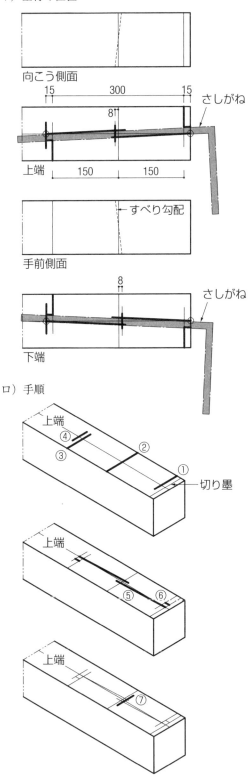

イ）墨付け位置

向こう側面

さしがね

上端

手前側面

すべり勾配

さしがね

下端

ロ）手順

上端

切り墨

上端

上端

図4・56 a　　追掛け大栓継ぎの下木の墨付け a

・手前側面と向こう側面に，継手心墨②，胴付き墨①③，切り墨の各墨を回す（⑧⑨⑩⑪）。

・下端に胴付き墨⑫⑭，継手心墨⑬，目違い墨⑮，切り墨を付ける。

・下端にさしがねの幅を利用して，斜め墨と⑯，目違い幅墨⑰を付ける。上端と下端では，さしがねを斜めにする方向が異なることに注意が必要である。

・下端に継手心墨より材元方向8mmの位置にすべり勾配墨⑱を付ける。すべり勾配墨の位置が上端と下端で異なることに注意が必要である。

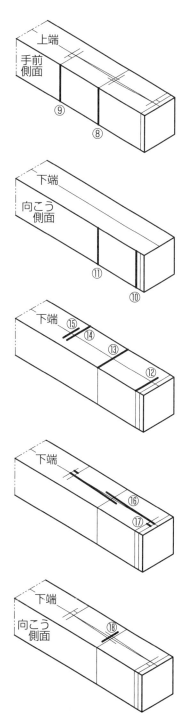

図4・56b 追掛け大栓継ぎの下木の墨付けb

(2)　**下木の加工**（図4・57 a，b）

・切り墨をのこぎりで切断した後，木口面に
　目違い墨⑲と心墨⑳を付ける。

・目違い墨⑥を胴付き墨①までのこびきした
　後，胴付き墨①をのこ引きする。

・斜め墨⑤をのこびきする。この際，のこぎ
　りは胴付き墨③より手前で止める。

・胴付き墨③をのこびきする。

・木口面ののこ目にのみを入れると，のこ目
　を入れた胴付き墨まで割り取ることができ
　る。

・上端と下端のすべり勾配を結ぶ墨㉑を付け，
　斜め墨までのこびきする。

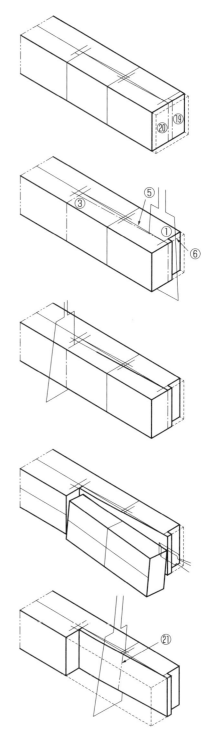

図4・57 a　追掛け大栓継ぎの下木の加工 a

・図の斜線部をのみで欠き取る。この際，欠き取る部分にのこ目を何本か入れておくと欠き取り作業が容易である。

・欠き取った部分の木口に目違い幅墨㉒を引き，のこ目を入れる。

・目違い部分をのみで欠き取って仕上げる。目違い部分の先端があたると，胴付き箇所にすき間ができるので，先端は1mm程度多めに欠き取っておくとよい。

・下木と上木が接触する面が出っ張っていると，スムーズな接合ができないので，さしがね等で確認しながら，平らになるように加工する必要がある。

・目違いの角部分はかんなやのみ等を用いて面を取っておくと接合しやすい。

・すべり勾配の部分は，墨を取りすぎると，接合が緩くなり，上木と下木が上下にずれることがあるので，すべり勾配部分については，取り過ぎないように十分注意する。

⑶　上木の加工

　すべり勾配墨⑦⑱図4・56以外は，すべて下木と同じように墨を付ける。上木のすべり勾配墨は下木のそれとは逆に上端は材元側へ8mmの位置に付け，下端は材端側へ8mmの位置に付ける必要がある。他は下木の作業手順と同じである。

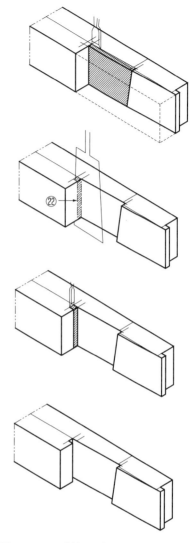

図4・57 b　追掛け大栓継ぎの下木の加工 b

4・3・4　金　輪　継　ぎ

　金輪継ぎは，目違いがT字形をしており，目違い分だけの隙間を中央につくることにより，容易に組み合わすことができ，ここに栓を打って締め固めるようにしたものである（図4・58）。

　今日では，一般住宅建築にはあまり用いられないが，伝統構法建築物における横架材の継手や古建築の修理の際，柱の根継ぎ等に用いられる。

　桁類などの横架材に追掛け大栓継ぎを使う場合，接触面が垂直になるように組むのが一般的であるが，土台に用いられる金輪継ぎではこの面を水平に組む場合がある。これは，腐った土台を新しい材に取り替える際に材を横にずらしながら取り替える必要性からとされている。金輪継ぎは下木と上木の形状が全く同じであることから，ここでは下木についてのみ解説する。金輪継ぎの寸法は，長さが材幅の2.5〜3程度，縦目違い幅，あご幅は材幅の1/8程度，側面の横目違い幅は1/8〜1/4程度である（図4・58）。

　ここでは，材幅を120mmと仮定して，長さを300mm，縦目違い幅およびあご幅をさしがね幅15mm，横目違い幅を30mmとした。また，込み栓を打つ隙間は，広い方を20mm，狭い方を16mmとした。

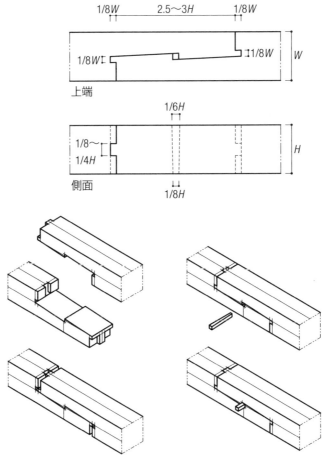

図4・58　金輪継ぎ

(1) **墨付け**（図4・59a，b）

・上端に切り墨を引き，これを目違い墨とし，これよりさしがね幅（15mm）を利用して胴付き墨①を引く。

・胴付き墨①より150mmの位置に継手心墨②を，300mmの位置に胴付き墨③を付ける。加工間違いをしないようにするため，材幅一杯に線を引かないこと。

・胴付き墨③にさしがねを合わせ，さしがね幅（15mm）を利用して目違い墨④を付ける。

・図4・59aに示すように，上端にさしがねをあて，さしがねの幅を利用して，斜め墨⑤と目違い墨⑥を付ける。

・継手心墨②より材端方向10mmの位置にあご墨⑦を付ける。（上端でのあごの隙間は20mmとなる）

イ）墨付け位置

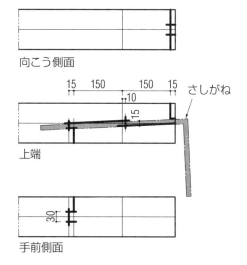

ロ）手順

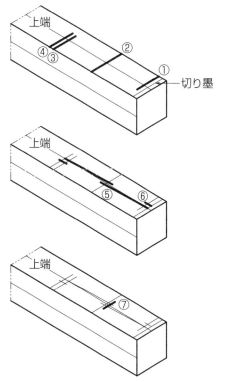

図4・59a　金輪継ぎの墨付けa

・手前側面に，継手心墨⑧，胴付き墨⑨，切り墨の各墨を回す。

・手前側面の目違い部分に心墨より上下に15mm振り分けて横目違い幅墨⑪をつける。

・向こう側面に，継手心墨⑬，胴付き墨⑫，切り墨の各墨を回す。

・向こう側面の目違い部分に心墨より上下に15mm振り分けて横目違い幅墨⑭を付ける。

・下端にさしがねの幅を利用して，斜め墨⑲と目違い幅墨⑳を付ける。上端と下端では，さしがねを斜めにする方向が異なることに注意が必要である。

・下端に継手心墨より材端方向8mmの位置にあご墨㉑を付ける。（下端でのあごの隙間は16mmとなる）

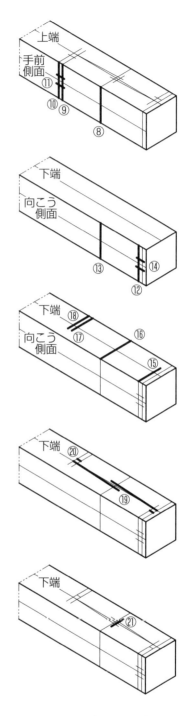

図4・59b　金輪継ぎの墨付けb

(2) **加 工**（図 4・60 a，b）

・切り墨をのこぎりで切断した後，木口面に
目違い墨㉒㉓と心墨㉔を付ける。

・斜め墨⑤をのこびきする。この際，のこぎ
りは胴付き墨③より手前で止める。

・胴付き墨③をのこびきする。

・木口面ののこ目にのみを入れると，のこ目
を入れた胴付き墨まで割り取ることができ
る。

・上端と下端のあご墨を結び㉕とし，15mmの
深さまでのこ目を入れる。

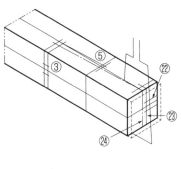

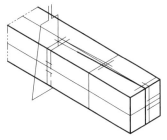

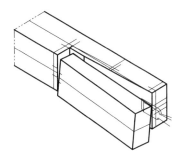

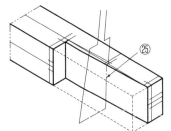

図 4・60 a 金輪継ぎの加工 a

・図の斜線部をのみで欠き取る。この際，欠
　き取る部分にのこ目を何本か入れておくと
　欠き取り作業が容易である。

・欠き取った部分の木口に縦目違い幅墨㉖，
　横目違い幅墨㉗を引き，のこ目を入れる。

・目違い部分をのみで欠き取って仕上げる。
　その際，縦目違いと横目違いの交点で部材
　が欠けやすいので，ていねいに加工する必
　要がある。

・目違い頭の接触する部分は墨より1mm程度
　多めに欠き取り，隙間をつくっておくと胴
　付き部分を正確に接合できる。

・下木と上木が接触する面が出っ張っている
　と，スムーズな接合ができないので，さし
　がね等で確認しながら，平らになるように
　加工する必要がある。

・目違いの角部分はかんなやのみ等を用いて
　面を取っておくと接合しやすい。

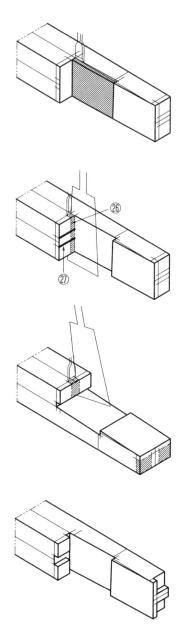

図4・60b　金輪継ぎの加工b

4・3・5 台持継ぎ

　台持継ぎは，追掛大栓継ぎや金輪継ぎと異なり，接触面が水平となる（図4・61）。台持継ぎの継手長さは，材成の2.5～3程度，目違い幅は1/4程度，目違い長さは1/8程度である。台持継ぎは，小屋梁や二階梁の継手に主として用いられている。材の水平直交方向にずれないように，接触面に，太ほぞ（だぼ）をつけたり，上木と下木をボルト締めしたりする。太ほぞの墨付け加工については省略している。

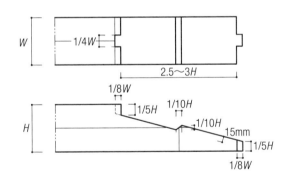

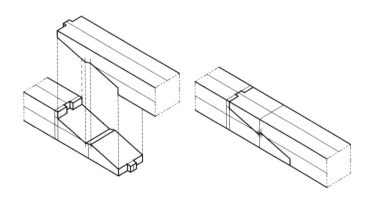

図4・61　台持ち継ぎ

⑴　**墨付け**（図4・26a，b）

　・上端に切り墨を引き，これを目違い墨とし，これよりさしがね幅（15mm）を利用して胴付き墨①を引く。

　・胴付き墨①より150mmの位置に継手心墨②を，300mmの位置に胴付き墨③を付ける。

　・胴付き墨③にさしがねを合わせ，さしがね幅（15mm）を利用して目違い墨④を付ける。

　・上端の目違い部分に心墨より左右に15mm振り分けて横目違い幅墨⑤を付ける。

　・手前側面に，継手心墨⑦，胴付き墨⑥⑧，切り墨の各墨を回す。

イ）墨付け位置

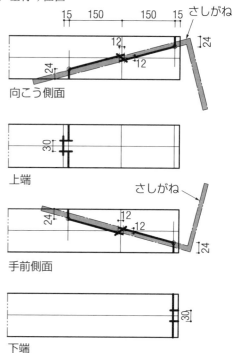

向こう側面

上端

手前側面

下端

ロ）手順

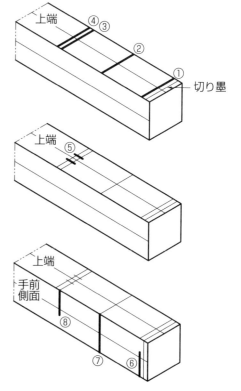

図4・62a　台持ち継ぎの墨付けa

・図イ)に示すように，手前側面にさしがね
　をあて，さしがねの幅を利用して，斜め墨
　⑨とあご墨⑩を付ける。
・下端に胴付き墨⑪と継手心墨⑫を回す。
・下端の目違い部分に心墨より左右に15mm振
　り分けて横目違い幅墨⑬をつける。
・向こう側面に継手心墨⑮，胴付き墨⑭⑯，
　切り墨の各墨を回す。
・向こう側面に，手前側面と同様にさしがね
　をあて，さしがねの幅を利用して，斜め墨
　⑰とあご墨⑱をつける。

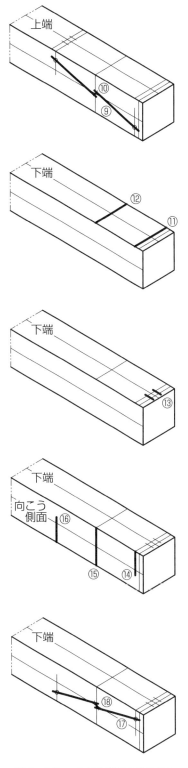

図4・62 b　台持ち継ぎの墨付け b

(2) **加 工**（図4・63a，b）

・切り墨をのこぎりで切断した後，木口面に目違い墨⑲と心墨⑳を付ける。

・斜め墨⑰をのこびきする。この際，のこぎりは胴付き墨③より手前で止める。

・胴付き墨③をのこびきする。

・木口面ののこ目にのみを入れると，のこ目を入れた胴付き墨まで割り取ることができる。

・上端と下端のあご墨を結び㉑とし，15mmの深さまでのこ目を入れる。

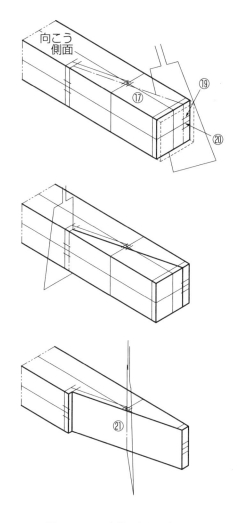

図4・63a 台持ち継ぎの加工a

・図の斜線部をのみで欠き取る。この際，欠
　き取る部分にのこ目を何本か入れておくと
　欠取り作業が容易である。
・材端の目違い幅墨⑬と胴付き墨⑪をのこび
　きして目違いをつくる。
・材元側の目違い幅墨⑤にのこ目を入れ，の
　みで欠き取って仕上げる。
・目違い頭の接触する部分は墨より1mm程度
　多めに欠き取り，隙間をつくっておくと胴
　付き部分を正確に接合できる。
・下木と上木が接触する面が出っ張っている
　と，接合した時にがたつきが生じやすいの
　で，さしがね等で確認しながら，平らにな
　るように加工する必要がある。
・目違いの角部分はかんなやのみ等を用いて
　面を取っておくと接合しやすい。

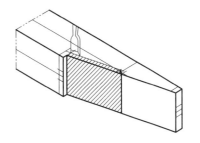

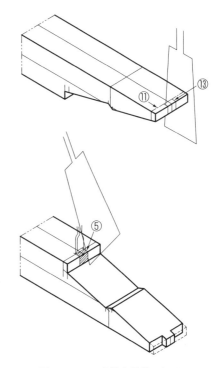

図4・63b　台持ち継ぎの加工b

〈コラム2〉 建継手の強度，継手・仕口の壊れ方と加工の注意点

1.　継手の強度

　木質構造に用いられる接合部（継手・仕口）の強度は，接合部を構成している母材の強度に比べて，かなり小さい。在来軸組構法住宅の接合部に多用されている腰掛蟻継，腰掛鎌継，追掛継が曲げを受けた場合の強度を河合直人先生（工学院大学建築学部教授）らによる実験結果[1]を基に接合効率（継手・仕口の強度を母材の強度で除した値）で比較すると図1の様になる。

　図1から母材（無継手材）の最大曲げモーメント12.2kN・mを基準とすると，それぞれの接合効率は腰掛蟻継2.7%，腰掛鎌継4.4%，追掛継17%である。3種類の継手の中で最も曲げ耐力が大きい追掛継でも接合効率は20%程度であることからも，継手は構造的な弱点であることがわかる。

　このように母材強度に比べてかなり耐力が小さい継手であるが，曲げや引張を受けた場合の壊れ方や壊れる部位を把握しないで加工を行なうと，さらに接合効率が悪くなる原因となる。そこで次項では機械加工された継手の曲げ試験および引張試験における壊れ方を例示し，加工を行なう際の注意点を確認したい。

　仕口についても機械加工された腰掛蟻掛のせん断試験，引張試験における壊れ方を例に挙げ，加工の注意点を示すこととする。

2.　機械加工された腰掛鎌継の壊れ方と加工の注意点

　機械加工された腰掛鎌継に図2のように曲げ試験[2]を行なうと，上木と下木の胴付き面に割裂が生じ（図3），鎌頭，鎌顎にせん断破壊が生じる（図4）。また，機械加工された腰掛鎌継に対して図5のように引張力を与えた場合[3]，図6と図7に示すように鎌頭部，鎌顎部にせん断破壊が生じる。

　以上のことから，腰掛鎌継を加工する際には，鎌頭部に予め亀裂が入らないようにするとともに，鎌顎部の嵌合精度に注意する必要があると考えられる。

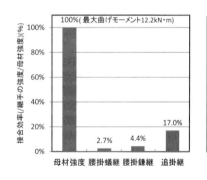

図1　母材強度と継手の曲げ耐力の関係（文献1に基づき作成）

文献1における実験条件の概要

- ●供試材：スプルース無節材
- ●断面寸法：105 mm×105 mm
- ●供試材の仕様：（気乾材，比重 0.39〜0.44，平均年輪幅 0.6〜1.9 mm，曲げヤング係数 8.3〜10.1kN/mm²）
- ●加力スパン 1200 mm，4等分点2点荷重
- ●加力速度 0.5 mm/min

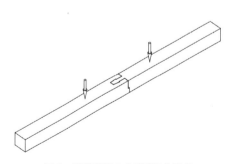

図2　腰掛鎌継の曲げ試験体構成

図3　腰掛鎌継の胴付き面の破壊
　　（曲げ試験）

図4 腰掛鎌継の鎌頭，鎌顎の破壊
（曲げ試験）

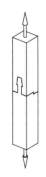

図5 腰掛鎌継の引張試験体構成

図6 腰掛鎌継の鎌頭の破壊
（引張試験）

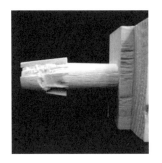

図7 腰掛鎌継の鎌頭，鎌顎の破壊
（引張試験）

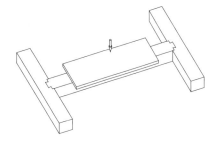

図8 腰掛蟻掛のせん断試験体構成

図9 腰掛蟻掛の上木の破壊
（せん断試験）

図10 腰掛蟻掛の下木の破壊
（せん断試験）

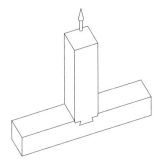

図11 腰掛蟻掛の引張試験体構成

図12 腰掛蟻掛の下木側における割裂
（引張試験）

3．機械加工された腰掛蟻掛の壊れ方と加工の注意点

　機械加工された腰掛蟻掛に対して，図8のように試験体を構成してせん断試験を行なうと，上木では蟻掛部と腰掛部の底部から材軸方向へ割裂破壊が生じる（図9）。下木では蟻掛と腰掛の受圧部にめり込みが生じ，腰掛底部から材軸方向へ割裂破壊が見られる（図10）。

　この壊れ方から，手工具で腰掛蟻掛を加工する場合，上木の蟻掛部と腰掛部の割裂が生じる部位・方向へノコギリを引き込んではいけないことが言える。さらに下木の割裂が生じる部位のノミ加工でも予亀裂を生じさせないことが肝要である。

　図11のように機械加工された腰掛蟻掛に対して引張試験を行なった場合，図12のように下木の蟻先端部から材軸方向へ割裂が生じる。

　したがって，腰掛蟻掛における下木の蟻先端部をノミで加工する際には，割裂破壊を促すような材軸方向への予亀裂を与えないように注意して加工を施さなければならない。

　このことは腰掛蟻掛の近傍にほぞ穴加工をする場合，腰掛蟻掛とほぞ穴の三方差しになる場合は特に注意を払う必要がある。

4．まとめ

　ここでは手加工の破壊性状と概ね同様である機械加工された接合部を例に挙げて，継手・仕口の壊れ方と加工の注意点について説明してきた。

　紙面の都合上，取り上げた継手・仕口の種類が少ないが，実験結果が公開されている（一社）木を活かす建築推進協議会（http://www.kiwoikasu-plat.jp/2017/6/5参照）などの情報や日本建築学会に報告されている実験結果を参照して頂きたい。そして継手・仕口の接合効率がより悪くなる原因となるような加工を行なわないために，どのような力が加わったら，どのような破壊が生じるかを把握して，大工作業を習得して頂くことをおすすめする。

参考文献

1)　河合直人，藤井　毅，内田祥哉，坂本　功，源愛日児，伝統的木造継手の実験的研究（曲げ試験），日本建築学会学術講演梗概集，pp.2201〜2202，1983.9

2)　塚崎英世，梅津二郎，小松幸夫 他：プレカット加工された腰掛鎌継ぎの曲げ強度特性，日本建築学会学術講演梗概集，pp.483〜484，2012.9

3)　塚崎英世，梅津二郎，小松幸夫 他：プレカット加工された腰掛鎌継ぎの引張強度特性，日本建築学会学術講演梗概集，pp.311〜312，2011.7

4)　塚崎英世，梅津二郎，小松幸夫 他：腰掛蟻仕口の鉛直加力試験における強度特性，日本建築学会学術講演梗概集，pp.159〜160，2009.7

5)　塚崎英世，梅津二郎 他：プレカットシステムによる腰掛蟻仕口の引張強度特性：日本建築学会学術講演梗概集，pp.129〜130，2007.7

索　　　引

［監修・執筆］ 松留愼一郎　Shin ichiro MATSUDOME
　　　　　　　1981年　東京大学大学院工学系研究科建築専門課程
　　　　　　　　　　　博士課程 修了
　　　　　　　現　在　職業能力開発総合大学校 名誉教授，工学
　　　　　　　　　　　博士
［執　　筆］ 前川　秀幸　Hideyuki MAEKAWA
　　　　　　　1979年　職業訓練大学校建築科 卒業
　　　　　　　現　在　職業能力開発総合大学校 特定准教授

　　　　　　　塚崎　英世　Hideyo TSUKAZAKI
　　　　　　　1999年　職業能力開発大学校（現，職業能力開発総
　　　　　　　　　　　合大学校）長期課程建築工学科 卒業
　　　　　　　2001年　職業能力開発総合大学校研究課程建築・造
　　　　　　　　　　　形専攻 修了
　　　　　　　2015年　早稲田大学大学院創造理工学研究科 博士
　　　　　　　　　　　課程 建築学専攻 修了
　　　　　　　現　在　職業能力開発総合大学校 教授，博士（工
　　　　　　　　　　　学），一級建築士

　　　　　　（旧著作者　田母神　毅）

　　　　　　　　　　　　　　　　（肩書きは，第五版発行時）

大工技術を学ぶ I（第五版）—道具・規矩術・工作法—

　　　2006年10月23日　　初　版　発　行
　　　2011年 5 月25日　　改　訂　版　発　行
　　　2018年 3 月20日　　第　三　版　発　行
　　　2020年 3 月 5 日　　第　四　版　発　行
　　　2023年10月20日　　第　五　版　発　行

　　　監修・執筆　　松 留 愼 一 郎
　　　発 行 者　　澤 崎 明 治
　　　（印刷）星野精版印刷㈱　　（製本）三省堂印刷㈱
　　　（装丁）加藤三喜

　　　発 行 所　　株式会社市ケ谷出版社
　　　　　　　　　東京都千代田区五番町5
　　　　　　　　　電話　03-3265-3711
　　　　　　　　　FAX　03-3265-4008
　　　　　　　　　http://www.ichigayashuppan.co.jp

　ⓒ 2023　　　ISBN978-4-87071-951-4

別刷
大工技術を学ぶ（第五版）
最新技能検定

市ケ谷出版社

禁 転 載 複 製 （B42）－3 「中央職業能力開発協会編」

令和4年度 技能検定
1級 建築大工（大工工事作業）
実技試験問題

次の注意事項，仕様及び課題図に従って，現寸図の作成，木ごしらえ，墨付け及び加工組立てを行いなさい。

1 試験時間
標準時間　　　4時間50分
打切り時間　　5時間

2 注意事項
(1) 支給された材料の品名，数量等が「4 支給材料」に示すとおりであることを確認すること。
(2) 支給された材料に異常がある場合は，申し出ること。
(3) 試験開始後は，原則として，支給材料の再支給をしない。
(4) 使用工具等は，使用工具等一覧表で指定した以外のものは使用しないこと。
(5) 試験中は，工具等の貸し借りを禁止する。
　　なお，持参した工具の予備を使用する場合は，技能検定委員の確認を受けること。
(6) 作業時の服装等は，安全性，かつ作業に適したものであること。
　　なお，作業時の服装等が著しく不適切であり，受検者の安全管理上，重大なけが・事故につながる等試験を受けさせることが適切でないと技能検定委員が判断した場合，試験を中止（失格）とする場合がある。
(7) 標準時間を超えて作業を行った場合は，超過時間に応じて減点される。
(8) 作業が終了したら，技能検定委員に申し出ること。
(9) 提出する現寸図及び製品（墨付け工程において提出が指示された部材）には，受検番号を記載すること。
(10) 現寸図が完成したら提出し，木ごしらえに移ること。
(11) 隅木は，所定のくせを取った後，墨付けをして提出検査を受けること。
(12) **この問題には，事前に書込みをしないこと。また，試験中は，持参した他の用紙にメモをしたものや参考書等を参照することは禁止とする。**
(13) 試験場内で，携帯電話，スマートフォン，ウェアラブル端末等の使用（電卓機能の使用を含む。）を禁止とする。

3 仕様
＜作業順序＞

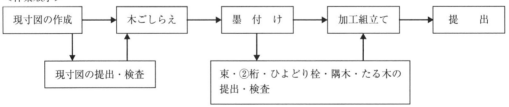

(1) 現寸図の作成（現寸図配置参考図参照）
　　現寸図は，用紙を横に使用し，下図に示す隅木，たる木，ひよどり栓の平面図，隅木右側面・木口型及びたる木3面展開図（上ば・両側面）を作成し，提出検査を受けること。また，提出した現寸図は，検査終了後に返却するが，検査中は，次の工程（木ごしらえ）に移ること。

現寸図配置参考図

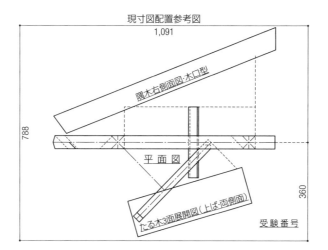

(2)　木ごしらえ

ア　部材の仕上がり寸法は，次のとおりとすること。

(単位：mm)

番号	部材名	仕上がり寸法(幅×成)	番号	部材名	仕上がり寸法(幅×成)
①	束	60×60	⑥	隅　　木	50×75
②	桁	60×70	⑦	た　る　木	32×52
③	桁	60×70	⑧	広　小　舞	55×20
④	母　　屋	60×70	⑨	ひよどり栓	現寸図による×14
⑤	は　　り	60×60	⑩	飼木(ねこ)	支給材料寸法のまま

イ　隅木は，山勾配に削って木ごしらえをすること。
ウ　かんな仕上げは，中しこ仕上げとすること。
エ　ひよどり栓は，現寸図によって，割り使いし，木ごしらえをすること。
オ　隅木上ば以外の部材は，直角に仕上げること。
カ　隅木上ば角(とかど)を除く部材は，糸面取りとすること。

(3)　墨付け(課題図参照)

ア　各部材両端は，切墨を入れること。
イ　加工組立てに必要な墨はすべて付け，墨つぼ及び墨さしを使用して仕上げること。
ウ　けびきによる線の上から墨付けを行うことは禁止とする。
　　(ただし，芯墨を打つ場合に限り，両端にマーキングを行う場合は可)
エ　飼木(ねこ)を除く各部材とも芯墨，桁の口脇墨，隅木のたる木下ば墨は墨打ちとし，上ば及び下ば
　　の芯墨は残しておくこと。
　　なお，束も4面芯墨を残すこと。
オ　たる木勾配を，5.5/10勾配とすること。
　　なお，たる木鼻は直角とし，隅木は，たる木にあわせ，投墨を入れること。
カ　桁上ばから8mm上がりを峠とし，課題図に基づき墨を入れること。
キ　桁には，上ば及び下ばの芯墨，隅木，たる木及びはりの位置墨を入れること。
　　なお，はりとの取合い墨は，追入れあり落としとすること。
ク　桁と桁との取合い墨は，ねじ組みとし，詳細図に基づき墨付けすること。
ケ　束には，芯墨及び峠墨を入れること。
コ　束には，母屋との取合い墨(短ほぞ)及びはりとの取合い墨(打抜きほぞ)を入れること。
サ　はりには，上ば及び下ばの芯墨，桁と束の取合い墨を入れること。
シ　隅木には，上ば及び下ばの芯墨，桁，母屋及びたる木の取合い墨を入れ，上ばには，たすき墨，馬
　　乗り墨及び広小舞取合い墨を入れること。
　　なお，側面には，ひよどり栓の取合い墨，入中・出中・本中墨・たる木下ば墨及び峠墨を入れるこ
　　ととし，たる木下ばで桁に仕掛けること。
ス　たる木は，展開図に基づき墨付けをすることとし，上ば及び下ばに芯墨，桁芯墨，ひよどり栓及び
　　広小舞取合い墨を入れること。
　　なお，たる木と隅木との取合いは，課題図に基づき墨付けをすること。

セ　ひよどり栓には，切墨及び隅木・たる木との取合い幅墨を入れること。

ソ　広小舞は，隅木及びたる木の取合い墨，桁及びはり芯墨を入れること。

タ　飼木（ねこ）は，課題図に基づき取合い芯墨を入れること。

チ　②桁，束，隅木，たる木及びひよどり栓は，墨付け終了後，提出検査を受けること。

　　なお，提出は2回に分けて行い，1回目に束，②桁及びひよどり栓，2回目に隅木及びたる木を提出すること。

　　また，提出した部材は，検査終了後に返却するが，検査中は，次の工程に移ってもよいものとする。

〈指定部材の墨付け提出順序〉提出順序は，厳守すること。

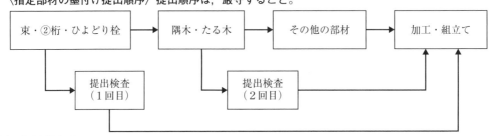

(4)　加工組立て

　　ア　加工組立ての順序は，受検者の任意とすること。

　　イ　加工組立て及び各所の取合いは，課題図に示すとおりに行うこと。

　　ウ　桁と桁との取合い及び桁と隅木との取合いは，課題図のとおりとすること。

　　エ　はりと桁との取合い及びはりと束との取合いは，課題図のとおりとすること。

　　オ　隅木とたる木，ひよどり栓の取合い及び広小舞の取合いは，課題図のとおりとすること。

　　カ　飼木（ねこ）を除くすべての木口は，かんな仕上げ，面取りとすること。

　　キ　飼木（ねこ）は，課題図のとおり2箇所とし，それぞれ木口から2本のくぎで固定すること。

(5)　作品は，各部材をくぎ止めとし（打ち掛けとしない），組み上がった状態で提出すること。

　　なお，各部材のくぎ止めについては，下記によること。また，隅木と桁は，くぎ2本で止め，それ以外は1本止めとすること。

　　○桁に，上ばからくぎ止めする部材　　　　　　　　　　隅木，たる木

　　○隅木及びたる木に，上ばからくぎ止めする部材　　　　広小舞

　　○母屋に，上ばからくぎ止めする部材　　　　　　　　　隅木

4　支給材料

（単位：mm）

番号	品　　名	寸法又は規格	数量	備　　考
①	束	400×61.5×61.5	1	
②	桁	700×61.5×71.5	1	
③	桁	350×61.5×71.5	1	
④	母　　屋	350×61.5×71.5	1	
⑤	は　　り	450×61.5×61.5	1	
⑥	隅　　木	1000×51.5×76.5	1	
⑦	た　る　木	550×33.5×53.5	1	
⑧	広　小　舞	700×56.5×21.5	1	
⑨	ひよどり栓	360×40×15.5	1	
⑩	飼　木（ね　こ）	150×60×60	2	
⑪	く　　ぎ	50	11	桁－飼木（ねこ），たる木－広小舞 隅木－広小舞，削り台用（5本）
⑫		65	1	桁－たる木
⑬		75	3	桁－隅木，母屋－隅木
⑭	削り台止め（胴縁）	300×45×15程度	1	削り加工使用可
⑮	現寸図作成用紙	ケント紙（788×1091）	1	
⑯	メ　モ　用　紙		1	

1級　建築大工実技試験　使用工具一覧表

(1)　受検者が持参するもの

品　名	寸法又は規格	数量	備　考
さ し が ね	小，大	各1	
墨 さ し		適宜	
墨 つ ぼ		適宜	黒墨のものとする
か ん な	荒，中，仕上げ	適宜	
の み		適宜	
の こ ぎ り		適宜	
コードレスドリル（インパクトドリルも可）	きりの本数及び太さは適宜	1	穴掘り，きり用
ちょうな（よき）		1	持参は任意とする
げ ん の う	小，中，大	適宜	
あ て 木		1	あて木としての使用以外は不可とする
か じ や（バ ー ル）		1	
け び き		適宜	固定したものは不可とする
ま き が ね（スコヤ）		1	
く ぎ し め		1	
はねむし（くぎ・ビス）	削り材，削り台止め用	適宜	
三 角 定 規		適宜	勾配定規は不可とする
直 定 規	1 m程度	1	
自 由 が ね		適宜	固定したものは不可とする 勾配目盛り付きのものは不可とする
電 子 式 卓 上 計 算 機	電池式（太陽電池式含む）	1	関数電卓不可
鉛 筆 及 び 消 し ゴ ム		適宜	シャープペンシルも可
し ら が き		1	カッターナイフも可
養 生 類	タオル，すべり止め等	適宜	持参は任意とする
画 鋲 類		適宜	テープも可 持参は任意とする
作 業 服 等		一式	大工作業に適したもの 上履き含む
飲 料		適宜	水分補給用

(注)　1．使用工具等は，上記のものに限るが，すべてを用意しなくてもよく，また，同一種類のものを予備として持参することはさしつかえない。
　　　　　なお，充電式工具を持参する場合は，予め充電しておくこととし，バッテリーの予備の持参も可とする。
　　　2．「飲料」については，各自で試験会場の状況や天候等を考慮の上，持参すること。

(2)　試験場に準備されているもの

（数量は，特にことわりがない場合は，受検者1名当たりの数量とする。）　　　　　　　（単位：mm）

品　名	寸法又は規格	数量	備　考
削 り 台		1	
作 業 台	300×105×105程度	2	
合 板	910×1820×12程度	1	作業床保護用，現寸図作成用下敷兼用
清 掃 道 具		適宜	
バ ケ ツ		適宜	水が入れてある

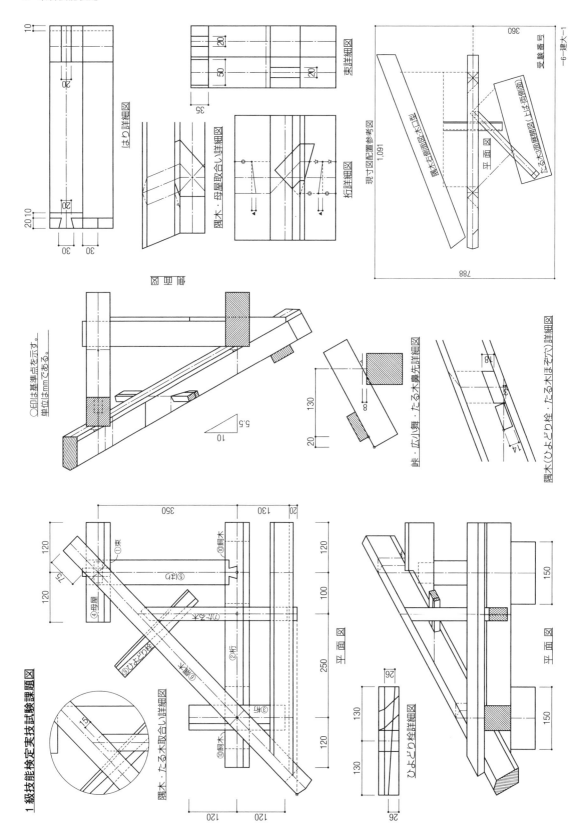

禁 転 載 複 製　　⓷B42　―4　　　　　　　　　　「中央職業能力開発協会編」

令和4年度 技能検定
2級 建築大工（大工工事作業）
実技試験問題

　次の注意事項，仕様及び課題図に従って，現寸図の作成，木ごしらえ，墨付け及び加工組立てを行いなさい。

1　試験時間

　　標準時間　　　3時間30分
　　打切り時間　　3時間45分

2　注意事項

(1)　支給された材料の品名，数量等が「4　支給材料」に示すとおりであることを確認すること。

(2)　支給された材料に異常がある場合は，申し出ること。

(3)　試験開始後は，原則として，支給材料の再支給をしない。

(4)　使用工具等は，使用工具等一覧表で指定した以外のものは使用しないこと。

(5)　試験中は，工具等の貸し借りを禁止する。

　　　なお，持参した工具の予備を使用する場合は，技能検定委員の確認を受けること。

(6)　作業時の服装等は，安全性，かつ作業に適したものであること。

　　　なお，作業時の服装等が著しく不適切であり，受検者の安全管理上，重大なけが・事故につながる等試験を受けさせることが適切でないと技能検定委員が判断した場合，試験を中止（失格）とする場合がある。

(7)　標準時間を超えて作業を行った場合は，超過時間に応じて減点される。

(8)　作業が終了したら，技能検定委員に申し出ること。

(9)　提出する現寸図及び製品(墨付け工程において提出が指示された部材)には，受検番号を記載すること。

(10)　現寸図が完成したら提出し，木ごしらえに移ること。

(11)　振たる木は，所定のくせを取った後，墨付けをして提出検査を受けること。

(12)　**この問題には，事前に書込みをしないこと。また，試験中は，持参した他の用紙にメモをしたものや参考書等を参照することは禁止とする。**

(13)　試験場内で，携帯電話，スマートフォン，ウェアラブル端末等の使用（電卓機能の使用を含む。）を禁止とする。

3　仕様

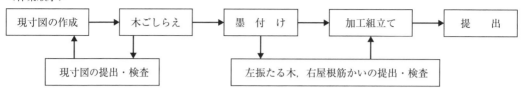

＜作業順序＞

現寸図の作成 → 木ごしらえ → 墨付け → 加工組立て → 提　出

現寸図の提出・検査

左振たる木，右屋根筋かいの提出・検査

〈指定部材の墨付け提出順序〉提出順序は，厳守すること。

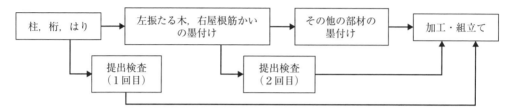

柱，桁，はり → 左振たる木，右屋根筋かいの墨付け → その他の部材の墨付け → 加工・組立て

提出検査（1回目）

提出検査（2回目）

(1)　現寸図の作成(現寸図配置参考図参照)

ア　現寸図は，用紙を横に使用し，下図に示す平面図，左振たる木，右屋根筋かいの現寸図及び基本図を作成する。

　なお，左振たる木，右屋根筋かいについては，各側面に各取り合いに必要な引出し線を平面図より立ち上げ，側面より上ばに展開し描き，提出検査を受けること。

　また，提出した現寸図は，検査終了後に返却するが，検査中は，次の工程(木ごしらえ)に移ってもよいものとする。

イ　下図は配置参考図であるが，受検番号については，下図のとおり右下に書くこと。

　また，その他製品の作成に受検者自身で必要と思われる図等は，描いてもさしつかえないものとする。

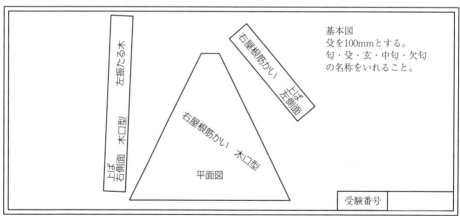

(2)　木ごしらえ

ア　部材の仕上がり寸法は，次のとおりとすること。

(単位：mm)

番号	部材名	仕上がり寸法(幅×成)	番号	部材名	仕上がり寸法(幅×成)
①	柱	50×50	④	振たる木	30×現寸図による
②	桁	50×45	⑤	屋根筋かい	30×40
③	は　り	50×45			

イ 振たる木のくせ及び寸法は，現寸図によって木ごしらえをすること。

ウ 各部材は，4面共かんな仕上げとすること。

エ 振たる木を除く部材は，直角に仕上げること。

(3) 墨付け(課題図参照)

ア 各部材両端は，切墨を入れること。

イ 加工組立てに必要な墨はすべて付け，墨つぼ及び墨さしで仕上げること。

ウ けびきによる線の上から墨付けを行うことは禁止とする。

（部材の両端にマーキングを行う場合のみ可）

エ 平勾配は，5/10勾配とすること。

オ 材幅芯墨は，墨打ちとし，柱4面(課題図参照)，はり，振たる木，屋根筋かいは，上ば下ば
の2面に入れること。

カ 振たる木，屋根筋かいは，現寸図に基づき墨付けをすること。

キ 各取合いは，課題図に基づき墨付けをすること。

(4) 加工組立て

ア 加工組立ての順序は，受検者の任意とすること。

イ 加工組立ては，課題図に示すとおりに行うこと。

ウ 各取合いは，課題図のとおりとすること。

エ 取合い部を除くすべての木口は，かんな仕上げ，面取りはすべて糸面とする。

オ 振たる木は，柱に突き付け外側面から，桁に突き付け上ばより各くぎ1本止めとすること。

カ 屋根筋かいは，上部は振たる木側面から，下部は屋根筋かい側面より振たる木に各くぎ1本
止めとすること。

キ 埋木等は行わないこと。

(5) 作品は，材幅芯墨及び取合い墨を残して提出すること。

4 支給材料

(単位：mm)

番号	品　名	寸法又は規格	数量	備　考
①	柱	500×51.5×51.5	1	
②	桁	700×51.5×46.5	1	
③	は　り	620×51.5×46.5	1	
④	振たる木	720×31.5×48.5	2	
⑤	屋根筋かい	480×31.5×41.5	2	
⑥	く　ぎ	50	11	振たる木－柱2本 振たる木－桁2本 屋根筋かい－振たる木2本
⑦		65	2	振たる木－屋根筋かい2本
⑧	削り台止め(同縁)	300×45×15程度	1	削り加工使用可
⑨	現寸図作成用紙	ケント紙(788×1091)	1	
⑩	メモ用紙		1	

2級 建築大工実技試験 使用工具一覧表

(1) 受検者が持参するもの

品　名	寸法又は規格	数量	備　考
さ し が ね	小，大	各1	
墨 さ し		適宜	
墨 つ ぼ		適宜	黒墨のものとする
か ん な	荒，中，仕上げ	適宜	
の み		適宜	
の こ ぎ り		適宜	
コードレスドリル（インパクトドリルも可）	きりの本数及び太さは適宜	1	穴掘り，きり用
げ ん の う	小，大	適宜	
あ て 木		1	あて木として以外の使用は不可とする
か じ や（バール）		1	
け び き		適宜	固定したものは不可とする
まきがね（スコヤ）		1	
く ぎ し め		1	
はねむし（くぎ・ビス）	削り材，削り台止め用	適宜	
三 角 定 規		適宜	勾配定規は不可とする
直 定 規	1m程度	1	
自 由 が ね		適宜	固定したものは不可とする 勾配目盛り付きのものは不可とする
電子式卓上計算機	電池式(太陽電池式含む)	1	関数電卓不可
鉛筆及び消しゴム		適宜	シャープペンシルも可
し ら が き		1	カッターナイフも可
養 生 類	タオル，すべり止め等	適宜	持参は任意とする
画 鋲 類		適宜	テープも可 持参は任意とする
作 業 服 等		一式	大工作業に適したもの 上履き含む
飲 料		適宜	水分補給用

（注）　1.　使用工具等は，上記のものに限るが，すべてを用意しなくてもよく，また，同一種類のものを予備として持参することはさしつかえない。
　　　　　なお，充電式工具を持参する場合は，予め充電しておくこととし，バッテリーの予備の持参も可とする。
　　　　2.　「飲料」については，各自で試験会場の状況や天候等を考慮の上，持参すること。

(2) 試験場に準備されているもの

（数量は，特にことわりがない場合は，受検者1名当たりの数量とする。）　　　　　（単位：mm）

品　名	寸法又は規格	数量	備　考
削 り 台		1	
作 業 台	300×105×105程度	2	
合 板	910×1820×12程度	1	作業床保護用，現寸図作成用下敷兼用
清 掃 道 具		適宜	
バ ケ ツ		適宜	水が入れてある

2級技能検定実技試験課題図

○印は基準点を示す。
単位はmmである。

柱詳細図

はり詳細図

左振たる木詳細図

右屋根筋かい詳細図

側面図

現寸図配置参考図

現寸図配置図

受験番号

基本図

右屋根筋かい

左側面

平面図

右振たる木

左側面（木口面）

上端

平面図

各部材配置図

柱・振たる木取合い基準点

平面図

平面図

—5—建大—2

500

250　500　250

50　50

15

500

10　5

80

500

45　18

50　18

30

50

1,091

788

禁 転 載 複 製　　D18 －5　　　　　　　　　　「中央職業能力開発協会編」

令和4年度 技能検定
3級 建築大工(大工工事作業)
実技試験問題

　次の注意事項，仕様及び課題図に従って，墨付け及び加工組立てを行いなさい。

1　試験時間

標準時間	2時間45分
打切り時間	3時間

2　注意事項

- (1)　支給された材料の品名，数量等が「4 支給材料」に示すとおりであることを確認すること。
- (2)　支給された材料に異常がある場合は，申し出ること。
- (3)　試験開始後は，原則として支給材料の再支給をしない。
- (4)　使用工具等は，使用工具等一覧表で指定した以外のものは使用しないこと。
- (5)　試験中は，工具等の貸し借りを禁止する。
- (6)　作業時の服装等は，作業に適したものであること。
- (7)　標準時間を超えて作業を行った場合は，超過時間に応じて減点される。
- (8)　作業が終了したら，技能検定委員に申し出ること。
- (9)　**この問題には，事前に書込みをしないこと。また，試験中は，他の用紙にメモをしたものや参考書等を参照することは禁止とする。**
- (10)　試験中は，携帯電話(電卓機能の使用を含む。)等の使用は禁止とする。

3 仕様

次の(1)～(4)の順に従って，15ページの課題図のように加工し，組み立てなさい。

(1) かんながけ

飼木(ねこ)を除く全ての部材をひとかんな仕上げとすること。

(2) 墨付け

墨付けは課題図及び参考図に基づき，次のとおり墨付けを行うこと。

イ 平勾配は，5/10の勾配とすること。

ロ 加工組立てに必要な墨は，すべて墨つぼ及び墨さしで付けること。

ハ 合印を入れること。(任意)

ニ けびきによる線の上から墨付けを行うことは禁止とする。ただし，通し墨を打つため，部材の両端にマーキングを行う場合のみ，けびきの使用を認める。

ホ 各部材の両端に切墨を入れること。

ヘ 桁及び棟桁の峠は，上ばとすること。

ト 柱のほぞの長さは，棟桁の木半分とすること。また，柱のほぞ幅は，柱幅50mm，厚さ18mmとすること。

チ はりのほぞは，柱を貫通させ10mm突き出すこと。また，はりのほぞせいは，材せいとし，厚さは，18mmとすること。

リ 柱には，芯墨(4面)，峠隅(4面)，棟木のほぞ墨及びはりの穴墨を入れること。

ヌ 桁及び棟桁には，上ば及びば端の芯墨，平たる木及び隅木の位置墨(口脇墨)を入れること。

ル はりには，上ば及び下ばの芯墨，峠墨(2面)及び桁との取合い墨を入れること。

ヲ 隅木には，課題図に基づき墨付けをすることとし，上ば及び下ばの芯墨，入中，出中及び本中墨を入れること。また，鼻の側面の切墨は，投墨とすること。

ワ 平たる木には，課題図に基づき墨付けをすることとし，上ば及び下ばの芯墨を入れること。

カ 飼木(ねこ)には，取合いの芯墨(正面1面)を入れること。

ヨ 飼木(ねこ)を除く材幅芯，口脇墨及びはりの峠墨は，通しで墨打ちとすること。

(3) 加工組立て

イ 各部材の両端は，切墨のとおり加工すること。

ロ 加工組立ての順序は，受検者の任意とすること。

ハ 加工組立ては，課題図のとおりとすること。

ニ 各部財の取合いは，課題図のとおりとすること。

ホ 飼木(ねこ)は，木口からそれぞれ2本のくぎで固定すること。

ヘ 見え掛かり木口の面取りをすること。

ト 芯墨，取合い墨等は，残すこと。

(4) くぎ止め・提出 作品は，指定の位置にくぎ止めし，組み上がった状態で提出すること。

4 支給材料

(単位：mm)

部材名	寸法又は規格	数量(本)	備考
柱	370×50×50	1	
桁	600×50×60	1	
は り	440×50×60	1	
棟 桁	300×50×60	1	
隅 木	850×35×42.16	1	
平 た る 木	580×30×40	1	
飼木(ねこ)	150×50×50	2	
く ぎ	N-50	7	柱－棟木 はり－桁 桁－飼木(ねこ)
	N-65	4	隅木－桁，棟木 平たる木－桁，棟木
削り台止め(胴縁)	300×45×15程度	1	削り加工使用可

3級 建築大工実技試験 使用工具一覧表

1　受検者が持参するもの

品　名	寸法又は規格	数量	備　考
さ し が ね	小, 大	適宜	
墨 さ し		適宜	
墨 つ ぼ		適宜	黒墨のものとする
か ん な		適宜	
の み		適宜	
の こ ぎ り		適宜	
き り		適宜	くぎ, 下穴用 持参は任意とする
げ ん の う	小, 大	適宜	
あ て 木		1	あて木として以外の使用は不可
か じ や（バ ー ル）		1	
け び き		適宜	固定したものは不可とする
ま き が ね（スコヤ）		1	
く ぎ し め		1	持参は任意とする
は ね む し（削り台用）		適宜	くぎでもよい
く ぎ（予 備 用）	N-50, N-65	適宜	持参は任意とする
自 由 が ね		適宜	固定したものは不可とする 勾配目盛り付きのものは不可とする
し ら が き		1	カッターナイフも可
養 生 類	タオル, すべり止め等	適宜	持参は任意とする
電 子 式 卓 上 計 算 機	電池式（太陽電池式含む）	1	関数電卓不可
作 業 服 等		一式	大工作業に適したもの 上履き含む
鉛 筆 及 び 消 し ゴ ム		適宜	シャープペンシルも可 墨付け時はマーキングのみ使用可
飲 料		適宜	熱中症対策, 水分補給用

（注）　1.　使用工具等は, 上記のものに限るが, すべてを用意しなくてもよく, また, 同一種類のもの
　　　　　を予備として持参することはさしつかえない。
　　　　2.　「飲料」については, 各自で試験会場の状況や天候等を考慮の上, 持参すること。

2　試験場に準備されているもの

　　　（数量は, 特にことわりがない場合は, 受検者1名当たりの数量とする。）　　（単位：mm）

品　名	寸法又は規格	数量	備　考
削 り 台		1	
作 業 台	300×105×105程度	2	
合 板	14	1	作業床保護用
清 掃 道 具		適宜	
バ ケ ツ		適宜	水を入れておく

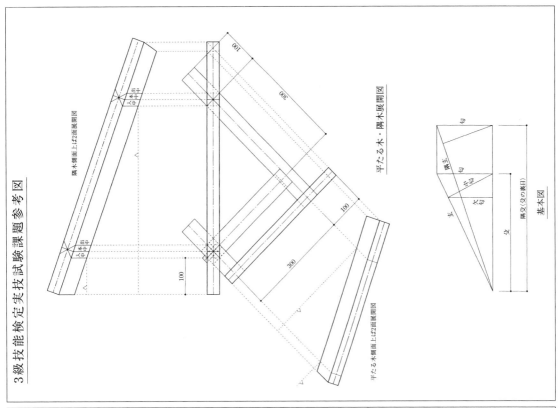

3級技能検定実技試験課題参考図

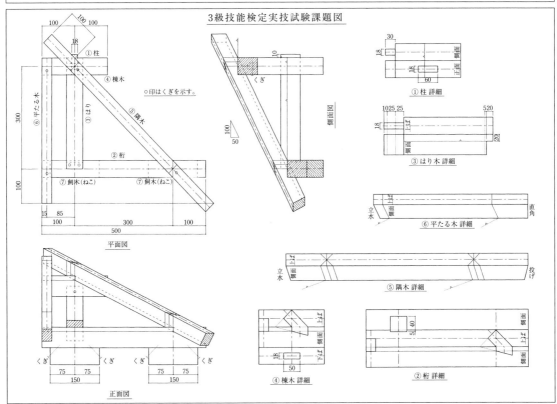

3級技能検定実技試験課題図